新しい視点の

観光戦略

―地域総合力としての観光―

【著】
油川　洋／三橋　勇／青木忠幸／長瀬一男

学　文　社

まえがき

観光は，総合産業である。地域経済の活性化，雇用の機会の増大など，観光は日常生活や経済活動など広い領域に関わり合う。そして，観光は，人々の健康の増進，潤いのある豊かな生活に寄与し，国際相互理解を増進する産業でもある。

しかし，観光の現状を見ると，観光が国の大きな政策として掲げる観光立国の実現に向けた対応は，いまだ不十分な状態である。人々のゆとりと安らぎを求める志向の高まりなどを背景として，観光旅行者の需要の高度化，少人数への形態変化，さらには，観光旅行の形態の多様化など，観光分野の内容は大きく変化している。しかも，観光分野における国際競争は，一層激化している。これら近年の観光をめぐる諸情勢の著しい変化に対して，対応は十分に行われていないのが現状である。

今後，わが国は，情報の高度化が進む一方で，世界に類を見ない少子高齢化社会の到来を迎える。さらに，高速交通ネットワークの伸展に伴って，内外の交流が盛んになり，本格的な国際交流の時代を迎えるであろう。

こうしたなかで，第1次産業である農林水産業は，後継者不足や労働力不足で，産業としての存続に大きな不安を抱えている。第2次産業である工業製造分野は，いまや，東南アジアなど新興国において，低賃金で労働力を確保できる地域に立地が進み，国内における立地は多くを望めない状況である。しかも，賃金を抑えた派遣社員の雇用拡大が進んでおり，今後，日本国内の製造分野での雇用状況は，一層，その幅を狭めていくことが予測される。

小売業，サービス業など第3次産業に属する商業分野では，大型店立地法の設定や規制緩和によって，高速交通ネットワークを利用して経営される大型ショッピングセンターは，地方都市の隅々まで立地が進んでいる。さらに，コンビニエンス・ストアーなどフランチャイズ店の拡大が進み，地元の商店街は崩壊寸前の危機に直面している。大都市と地方の経済格差，地方都市間での格差など，社会を取り巻く格差は，拡大する一方である。

従来の産業分類の他に，最近では「第４次産業」，「第６次産業」という言葉が提唱されている。「第４次産業」とは，情報化が進むなかで，研究開発などの情報や知識を生産する機能を，第４次産業として位置づける考え方である。また，「第６次産業」とは，農業の経営形態の新しい形として提唱されているものである。農業は，産業分類では第１次産業に分類され，農畜産物の生産を行うものとされている。だが，第６次産業は，農畜産物の生産だけでなく，食品加工（第２次産業），流通，販売（第３次産業）にも農業者が主体的かつ総合的に関わることによって，加工賃や流通マージンなどの今まで第２次・第３次産業の事業者が得ていた付加価値を，農業者自身が得ることによって農業を活性化させようというものである。第６次産業という名称は，農業本来の第１次産業だけでなく，他の第２次・第３次産業を取り込むことから，各産業の合計として第６次産業として提唱している。従来の産業分野に拘泥することなく，観光分野においても，新たな視点と新たな発想で，その振興に取り組む必要がある。

観光産業は，高次の産業を目指すものではなく，全ての産業を包括し複合的に関わり合うという特質を具有している。第１次産業，第２次産業，第３次産業などすべての産業が，観光の対象と資源になり得るのである。さらに，国や地域の歴史，風土，日常生活自体，いわば，時間と空間が，すべて観光の対象と資源になるのである。この意味において，観光は総合産業といえる。しかも，観光は観光関係者だけのものではなく，国づくりや地域づくりの集大成の結果として，その効力を発揮するものである。

したがって，今後の新たな観光を考えるには，従来とは異なる総合的視点で，地域の総合力として観光を捉え，その戦略を展開していく必要がある。本書はこのような観点で，観光の政策と現場を踏まえての観光戦略について内容をまとめてある。

構成は，次のとおりである。第1章は，総論として観光の政策と振興策。第2章は，観光の政策決定と外国人観光客の温泉観光誘致戦略。第3章は，テーマパークを事例として観光の時代要求と余暇施設の変容。第4章は，中央アジア諸国の観光の現状と新たな観光戦略としての脱シルクロード観光戦略。第5章は，日本の温泉の歴史を踏まえ温泉旅館経営の現状と課題。第6章は，実践に基づいた温泉旅館の経営戦略。第7章は，温泉観光地の現状と課題。第8章は，温泉観光地を振興させる新たな発想による観光戦略としてまとめた。

今後，観光分野で，国や地域において次のことが重要課題になるであろう。すなわち，国際競争力の高い魅力ある観光地の形成，観光産業の国際競争力の強化，国の観光政策のなかで，地域づくりの観点に立った総合的観光地づくり，観光の振興に寄与する人材の育成などである。これらを推進していくことが，観光立国を実現することに結びつくであろう。

おりしも，観光立国の実現を目指して，平成20年10月に国土交通省の外局として，観光庁が設置された。今後，観光は国の大きな政策の一つとして動き出し，施策が展開されて行くであろう。また，大学でも観光に関する学部や学科が多く設置され，今後，観光に関する調査・研究は一段と進み，観光にたずさわる人材も，数多く輩出されるであろう。

本書は，観光政策や諸施策の展開経過，外国の新たな視点の観光の動き，さらには，実践を踏まえた新たな視点での観光戦略などについてまとめた。本書が，今後の観光振興の参考資料として少しでも役に立てば幸いである。

なお，本書の執筆者は，次のとおりである。

第1章　観光政策と観光振興の施策 …… 油川　洋

第2章　観光政策形成と外国人観光客の誘致戦略

　第1節　観光の政策形成 …… 油川　洋

　第2節　観光の政策評価と観光振興の試み …… 油川　洋

　第3節　外国人観光客の温泉観光誘致 …… 三橋　勇

第 3 章　観光の時代要求と余暇施設の変容 ……………………………… 三橋　勇
第 4 章　中央アジアの現状とウズベキスタンの展望 …………………… 三橋　勇
第 5 章　温泉旅館経営の現状と課題 ………………………………………… 青木忠幸
第 6 章　温泉旅館の経営戦略 ………………………………………………… 青木忠幸
第 7 章　温泉観光地の現状と課題 …………………………………………… 長瀬一男
第 8 章　地域を振興させる観光戦略 ………………………………………… 長瀬一男

2008 年 12 月

著者一同

目　次

まえがき …… i

第1章　観光政策と観光振興の施策 —— 1

第1節　観光政策 …… 1

1　観光政策の概念　1
2　観光政策の歴史的展開　4
3　日本の観光政策と観光行政　6

第2節　新たな観光政策と観光振興の施策 …… 22

1　観光庁の新設と人材の育成　22
2　観光関連の人材を育成する大学教育　24
3　東京都における都市観光の新戦略　27

第2章　観光政策形成と外国人観光客の誘致戦略 —— 33

第1節　観光の政策形成 …… 33

1　観光の政策形成　33
2　政治システムと政策の意思決定　34
3　政策の決定とその実施　37

第2節　観光の政策評価と観光振興の試み …… 41

1　国土交通省の政策評価　41
2　東京都の観光振興の試み　42

第3節　外国人観光客の温泉観光誘致 …… 44

1　求められる外国人観光客の温泉観光誘致　44
2　各国の温泉とその利用方法　45
3　認知度が低い日本の温泉　49
4　必要な日本温泉文化の情報発信　51

第3章　観光の時代要求と余暇施設の変容
―東北のテーマパークを事例に― —— 54

第1節　日本の社会的視点でみるテーマパーク …… 54

第２節　テーマパークと余暇 …… 55
1　日本におけるテーマパークとは　55
2　余暇の語源と認識　56
3　社会変容と時代呼称　57
4　余暇と経済的貯蓄　57
第３節　スパリゾートハワイアンズ概要 …… 60
1　スパリゾートハワイアンズのルーツ　60
2　プロを超えたか素人の取り組み　61
3　社会構造の変化と企業対応　62
4　軌跡表（スパリゾートハワイアンズ）　63
5　スパリゾートハワイアンズの経営の現状　65
第４節　スパリゾートハワイアンズ現地調査 …… 67
1　アンケート調査結果分析　67
第５節　健康志向のキーワードは「温泉」 …… 76

第４章　中央アジアの現状とウズベキスタンの展望
―ナボイコンビナートの観光事業への試み― —— 79
第１節　シルクロード観光からの脱皮 …… 79
1　中央アジアの産業情況比較　79
2　中央アジアの現状分析から　88
第２節　ウズベキスタンの地域動向と目論見 …… 89
1　ナボイコンビナート　89
2　ブカンタウ山の驚異　91
3　ヌラタ　92
4　ガズガンのモスク　93
5　ズリカーナイ　94
6　キジルクムの動植物　95
第３節　脱シルクロード観光の期待と挑戦 …… 96
1　ODA によるウズベキスタンの観光事業促進　96
2　サルミッシュ渓谷の自然，歴史，文化遺産と観光　96
3　シルクロード観光からの脱皮と挑戦　99

第５章　温泉旅館経営の現状と課題 —— 102
第１節　温泉旅館と温泉 …… 102

1 温泉旅館の定義 103
2 温泉のメカニズム 105
3 温泉の定義・分類と利用の法制度 106
4 国民保養温泉地 109
5 温泉分析書 110
第2節 温泉の歴史 ……… 110
1 古代・中世期 111
2 近世期 112
3 明治期以降 113
第3節 温泉旅館経営の状況と課題 ……… 114
1 源泉数と湧出量 115
2 大深度掘削の源泉 115
3 温泉地数などの現状と課題 115
第4節 温泉旅館の経済環境と課題 ……… 116
1 宿泊稼働率 116
2 景気指標 117
3 宿泊業の倒産件数 119
4 宿泊施設の財務状況 119

第6章 温泉旅館の経営戦略 ——— 122
第1節 経営戦略の基本 ……… 122
1 源泉対策 122
2 温泉情報の提供とマナーの周知 125
第2節 温泉旅館の活性化 ……… 126
1 自己点検 126
2 景気の流れを読む 130
3 温泉地が志向すべき方向 132
第3節 温泉旅館の危機管理 ……… 135
1 施設，設備に関する危機管理 136
2 火災事故に関する危機管理 137
3 自然災害に関する危機管理 138
4 盗難事件に関する危機管理 139
5 食中毒事故に関する危機管理 141
第4節 人材育成 ……… 143

1　人材育成の理念　144
2　人材育成の具体例　144
3　上司の仕事　145

第7章　温泉観光地の現状と課題 —— 151

第1節　広がる地域間の経済格差 …… 151
第2節　観光による地域活性化 …… 152
第3節　「温泉観光地」とは …… 154
第4節　国内観光の動向と推移 …… 155
第5節　産業における観光の位置 …… 158
1　各産業と広く関わる観光　158
2　経済効果からみる観光　161
第6節　変化する観光のすがた …… 162
1　観光行動と意識の変化　162
2　観光旅行の年代変化　166
第7節　温泉観光地の課題 …… 167
1　宿泊施設における大きな課題　167
2　少人数化に対応する施設　168
3　重要な客室定員稼働率　168
4　観光価値を高める総合的な取り組み　169

第8章　地域を振興させる観光戦略 —— 172

第1節　地方温泉観光地の苦悩 …… 172
1　温泉観光地のさまざまな試み　172
第2節　天童市の立地環境 …… 174
1　天童市の立地条件と交通環境　174
2　天童市の歴史的背景　175
3　天童の観光物産と温泉の概要　177
第3節　温泉観光地天童の活性化 …… 177
1　通過型から滞在型の観光地に　177
2　「観光まちづくり実施支援プログラム策定事業」の取り組み　179
3　地域連携による観光振興の取り組み　182
4　「まるかじり天童物語」観光キャンペーンの展開効果　184

5 新たな観光の試み「ボランティアホリデー」 187
第4節 広域連携による交流の創出と観光の活性化 …… 191
1 広域連携観光の取り組み 191
2 都市間交流による観光の活性化 194
第5節 温泉観光地の今後の新たな試み …… 195
1 リピーターの確保とホスピタリティ 195
2 温泉観光と医療との連携の試み 196
3 資源の再発見と地域連携で観光の振興 197

第1章　観光政策と観光振興の施策

第1節　観光政策

1　観光政策の概念

今日，観光学や観光論に関する議論が盛んになっている。日本観光学会，日本国際観光学会，総合観光学会，日本観光教育学会，日本観光地域学会等々と学会の新設，大学の観光学部や観光に関する学科の新設も大変盛んになってきた。第1次産業から第3次産業までの経済構造が年次的に変化し，第3次産業とりわけ，サービス産業の社会におけるウェートが増大しつつあるからである。そのサービス産業の中心に位置する観光業について研究が盛んになってきたのは，当然，時代の趨勢であろう。そうした意味から観光学や観光論の生成の背景には，外貨獲得のために必要な観光政策の理論的基礎を求めようとするヨーロッパ諸国の国家的な要求があったことが歴史的にうかがえる。そのために，早くからドイツやイタリアなどでは国立大学に観光研究所や観光学講座が設けられ，そこで刊行された観光論に関する出版物のほとんど全部が観光政策に多くのページを当てているのも理解できよう。

たとえば，ボールマン（A. Borman）はその著書『観光論』のうちの1章を観光政策にあてて，「観光政策は観光産業の振興を目的とするものであり，従って，その本質的内容は宣伝である」と述べている。また観光政策には宣伝のほかにも「組織に関する問題，社会的意味をもつ問題，行政上の問題」(1)が含まれ，それは「対外政策と国内政策とに区分される」としている。また，ドイツの1930年代の学者グリュックスマン（R. Glucksman）は，観光政策を「観光を促進するために組織体がとる諸方策の総体」(2)と定義し，その内容を政治政策，文化政策，社会政策，経営政策，商業政策および交通政策の6つに分けて説明している。グリュックスマンがボールマンと異なる点は，後者が観光政策の核心は宣伝であると明言しているのに対して，宣伝を観光政策の本質としてではなく，手段として別の次元で扱ったことである。

しかし，観光政策のうちでも国際観光政策を重視した点では両者とも同じであり，この点は他の学者の観光論も同様であった。観光論では，観光主体と観光客体とが観光媒体によって結びつけられ，そこに観光行為が完成すると定義づけられているが，そういう行為が望ましい状態で行われるように公権力が介入するのである。それが観光政策であると，初期の観光学者らは定義づけている。このように，ヨーロッパにおける観光論は国際観光政策論から始まったといえる。

わが国の研究者としては，今日の立教大学観光学部の設立の尽力者である小山栄三立教大学名誉教授は『宣伝技術論』のなかで，「国際観光宣伝は国外に対しては日本への憧憬を高め，国内においては観光事業の重要性の認識，理解を啓蒙しなければならない」(3) と，宣伝と観光事業との関連性を高く評価し論じている。また，「国際観光政策の積極的結果として，一方においては外国人を誘致して，商品および労務を提供し，外国人の購買力を自己に吸収するとともに，一方においては日本国の文化を紹介し，国際親善に資せんとする。この意味において国際親善政策との競合である」(4) と主張し，観光は国際親善，経済・文化政策としての効果があることを論じている。

他に小山栄三先生は，初期の研究対象が民族学，人種学でもあった関係から，「我々は彼等が我々を理解せしむる前にまず我々が彼等を理解しなければならない。(略) 特に観光事業の特異性は (略)，日本の生活環境を現地調査させることであり，彼等自身が媒体の役割を務めることである」(5) と民族と観光との相関性を詳細に説明し，そのために宣伝の重要性を説いている。「旅行は人間自体の交通である」(6) と旅行は観光の原点であるとし，交通 (コミュニケーション) が観光媒体であることも論じ，かつ「実際，国際観光政策は観光事業を通じて

『今，日本は何を考え』，『何をしているか』を現実に世界に示す外交的使命を持つものである」[7] と，国際観光の政策がいかに国際親善的にも，外交上重要性をもつものであるかを強調している。

近年のわが国の観光に関する文献によると観光政策は (tourist policy あるいは tourism poricy)，「国家や公共団体が観光に対してとる政策である」[8] とか国際観光政策 (international tourist policy) とは「一国の政府が国際観光について実施する各種の政策である」[9] とか記されているが，観光政策を一層詳しく定義すると，古典的ではあるが，スペインのデ・アリリヤガ (J. P. de Ariillaga) のように「観光政策とは国家の観光的利益を促進および保護するためにとられる国家活動である」[10] ということができる。また，デ・アリリヤガによると，観光政策はその対象，範囲，地域，手段および方法などによって，次のように分類されると定義している。

1. 対象による分類
   a) 経済政策→交通政策，ホテル政策，貨幣政策，財政政策
   b) 文化政策
2. 範囲による分類
   a) 対外政策
   b) 対内政策
3. 地域による分類
   a) 全国的政策
   b) 地方的政策
   c) 局地的政策
4. 手段と方法による分類
   a) 対外政策→宣伝・情報
   b) 対内政策→管理・促進・補助，直接執行，調査・教育

以上，観光政策について内外の諸学者による定義を紹介したが，総合的に規定すると，観光政策とは，「観光という社会現象に対して，政府や地方自治体

（公共団体）が何らかの施策を行う場合の方針のことであり，また，観光行政とは，観光政策を具体化する場合の方法およびその内容をいう」とするのが今日的である。また，観光行政の機能としては，観光の奨励，規制および観光事業の推進・助成・規制，取締りなど多様であるということができるのである。

2　観光政策の歴史的展開

観光政策の歴史を概観すると，わが国においては，まず，外貨の獲得を目的とした国際観光政策から始まったといえよう。その後，国内観光が盛んになるに及んで，国内観光を対象とした政策ならびに行政が登場し，さらに海外旅行が大衆化した今日では，国際親善を目的とした国際観光政策が要請されるようになってきた。観光が歴史的にみて一部の特権的な階級の間でしか行われず，今日のように社会一般の広がりをもたなかった時代においては，観光は国の政策と行政の対象とはならなかったのである。かつ，観光が学として今日のように研究対象とならなかったのも理解できよう。観光が政策の対象として扱われるようになったのは，第１次世界大戦後であり，ヨーロッパ諸国の政府が観光の経済的効果に注目するようになったのが，始まりであったといえる。すなわち，外国からの旅行者の消費（外貨獲得）が，国家経済にとってプラスになることが認識され，各国が積極的に外客の誘致に乗り出したことが，観光政策の始まりであるといえるのである。

まず，イタリアで対外観光宣伝などを目的としたイタリア観光協会（ENIT）が1919年に設立されたのをはじめとし，ドイツ国有鉄道観光宣伝局（RDV）が1920年に，イギリス，アイルランド旅行協会が1929年に，そしてソ連ではイン・ツーリストが1929年に，それぞれ設立されたのが観光政策，観光行政の歴史的なメルクマールである。そして国際観光を促進させる目的とした官設観光機関国際連盟（IUOTO，現在のWTOの前身）(11) が1925年に結成されている。

日本では，外客の斡旋を目的とした民間の機関として喜賓会（welcome society）がすでに1893（明治26）年に設立されて，1912（明治45）年にはJTB

の前身であるジャパン・ツーリスト・ビューロー（Japan Tourist Bureau）が設立され，外客の誘致にあたった。その後，外客誘致が国の政策として正式に取り上げられ，1930（昭和 5）年，行政機関として鉄道省に国際観光局が設立された。さらに，対外宣伝を担当する団体として 1931（昭和 6）年に財団法人国際観光協会（現在の JNTO 国際観光振興機構の前身）が設立されている。

このような，外客誘致を目的とする各国の観光政策も第 2 次世界大戦に突入すると，次第に衰えをみせ，日本では 1942（昭和 17）年に国際観光局が廃止された。国際観光は第 2 次世界大戦中の空白期間を経て，戦後再び活発化の兆しをみせるのである。アメリカの国際観光政策は世界的にも特色のあるもので戦争で崩壊したヨーロッパ経済を復興させるため，当時の国務長官マーシャルを中心にヨーロッパ復興計画が推進され，その一環としてアメリカ人のヨーロッパ観光を奨励する措置がとられたのである。アメリカ人がヨーロッパ各国で消費したドルが，ヨーロッパでの経済復興に大きく寄与したとされる歴史的事実がある。まさに，マーシャルプランの一環が観光に大きく貢献したのである。

わが国においても，アメリカからの観光客受け入れを目的として戦後の観光政策が始まっている。わが国では，1946（昭和 21）年に運輸省鉄道局に観光課がいち早く設置され，観光行政が再開した。1948（昭和 23）年には観光事業審議会が設置され，そして 1949（昭和 24）年には「国際観光事業の助成に関する法律」「通訳案内業法」(12)「国際観光ホテル整備法」(13) などが相次いで制定された。1951（昭和 26）年には IUOTO に日本も正式に加入し，外客誘致を中心課題とする国際観光振興の基盤が形成されるようになった。

以上のように，国際観光政策が推進される一方，国内観光の方も第 2 次世界大戦後，各国で活発化し始めた。わが国では，戦後の復興期を経て，昭和 30 年代から 40 年代にかけて高度経済成長を達成し，可処分所得の増大，余暇時間の増大といった観光の大衆化を可能にさせるような条件がようやく整ってきた。昭和 30 年代以降，一般大衆の余暇活動としての国内観光が増大し，やがて日本人の日常生活の一部として観光が定着するに至ったのである。

日本人の国内観光の増大に対処する観光政策の必要性から，外客誘致を目的とした国際観光政策の両面を対象とした政府の観光政策を目的に1963（昭和38）年に「観光基本法」[(14)]が制定された。この法律によって，観光政策に関する政府の諮問機関として観光政策審議会が総理府に設置された。また，観光行政は中央官庁の各省庁がそれぞれ部分にかかわることから，各省庁間の連絡調整を目的とした観光対策連絡協議会[(15)]も同じく総理府に設置された。さらに毎年，政府は国会に対して，観光について前年度に講じた施策の内容と次年度に講じようとする政策の内容を報告することとなった。その報告内容は1964（昭和39）年以来，『観光白書』として毎年，公刊されている。

観光基本法制定以後の日本の観光政策は，1964（昭和39）年日本人の観光を目的とした海外旅行の自由化が政策として施行され，その後，著しい増加を来たすこととなったのが現実である。そして，1971（昭和46）年には，日本人海外旅行者が訪日外客数を上回り，また，旅行収支は昭和40年代の初めからすでに赤字になった。また1968（昭和43）年ごろからわが国の国際収支が黒字基調に転じたこともあって，外貨の獲得を目的とした外客を誘致するという，それまでのわが国の国際観光政策が再検討を迫られ，現在では国際間の相互理解ないし国際親善をむしろ重視するというように変貌してきている。

つまり，わが国においては，昭和40年代になって観光政策，観光行政の対象となる3つの領域，すなわち，①外客の来訪，つまりインバウンド（in-bound）の国際観光，②日本人の国内観光，③日本人の海外旅行，つまりアウトバウンド（out-bound）の国際観光がすべて揃ったわけであった。

3　日本の観光政策と観光行政

(1) 戦前の観光政策と観光行政

明治末期から昭和初期に至るわが国の観光レクリエーションに関する行政や政策は，その多くを施設面の整備や調査に向けていた。名勝旧跡など観光対象地域および所在確認調査をはじめ，公共施設の整備，利用に関して，明治6年

1 月に発せられた太政官布 16 号「公園設置に関する件」が観光に関して行われた行政施策の最初である。この布達によって，25 ヵ所公園が整備され，約 10 年後の明治 15 年には，54 ヵ所の公園整備が完了した。また国政観光に関する行政は，1854（寛政元）年 3 月の日米和親条約に始まり，のちにロシア，イギリス，フランスなどの各国とも条約を締結し，この結果，横浜，長崎，神戸その他の各地の港が開かれた。

一方，日本人の海外旅行は，日米和親条約から約 10 年を経過した 1865（慶応元）年に幕府の許可を得て通行切符を得た者による海外渡航によって始まった。また，海外往来に関する行政は，太政官外国事務掛を経て外務省庶務局が所管した。明治 3 年にサンフランシスコ～横浜～神戸～上海間に，明治 9 年にはヨーロッパ～上海～横浜間の航路が開設され，検疫は文部省医務局を経てない無償衛生局が所管した。

わが国における日本人の国内旅行は明治 4 年に自由化され，明治 5 年 7 月に開通した東京～横浜間の鉄道の開設とともに増加してきた。明治 20 年代になると，わが国を訪れる外国人も次第に増加し，これらの人々によって新しいレクリエーションやスポーツが導入・紹介されていった。観光に関しても，鉄道の発展，ホテルの建設とあわせて従来の物見遊山とは違った形での避暑，避寒，レクリエーションを目的とした旅行が普及してきた。箱根や軽井沢，草津といったリゾート地はこの頃に外国人によって開発された歴史的事実がある。さらに，明治の中頃には周辺の名所・旧跡などを訪れる小・中学校の修学旅行が行われるようになり，明治末期に至ると学校教育のなかでかなりの地位をしめるまでになった。明治 26 年には，わが国を訪れる外国人旅行者の案内，接遇あるいは日本の紹介を行うことを目的として，東京商工会議所のなかに「喜賓会」が設けられた。

鉄道を主とする運輸に関する行政は，鉄道省から内閣，内閣から内務省，さらに逓信省へと移されてきた。また，国営および民営の鉄道網が全国に拡大されるにつれて，統一的な運営の必要から，明治 39 年 3 月に，日本国有鉄道法を公布し，運営管理については内閣所管とした。

大正時代に入ると，観光・レクリエーションも多様化し，大正デモクラシーの時代ともいわれ，大衆文化が興隆し，入国外国人の動向も，大正9年に3万2000人と最高の入国者数を示した。その後，世界的な景気の変動，大恐慌に伴って，次第に減少したのち，再び大正13年になって2万5000人を記録した歴史的背景がある。観光に関する行政は多くの分野に関連していたが，鉄道を主とする行政も多くの分野に関連し，鉄道を主とする交通機関が中心的な役割を果たしていた頃から，大正9年5月，勅令第144条による各省官制通達の改正によって，鉄道省が独立した。それに遡る明治45年2月，外国人旅行客の誘致および来訪外客の便宜を図ることを目的とする「ジャパン・ツーリスト・ビューロー」が設立された。

この頃の国民の旅行は，大正9年に設立された「日本旅行クラブ」，大正13年に設立された「日本旅行文化協会」などの指導もあって，一般的には健全な旅行，あるいは旅行を通じて文化の向上を意図する傾向にあった。大正末期からの不況は，一時軍部の拡張などによる景気の回復はあったものの，昭和に入ってからも継続した。昭和4年から昭和11年にかけての外国人旅行者は年間3万人から4万人前後であった。また，この頃の海外旅行者数は不況の影響もあって，好景気時には3万人を記録したが，ほぼ1万人前後であった。昭和2年，田中内閣の諮問機関であった「経済調査会」は，「外国人の誘致等を講じ，国際観光の振興を計ることは国際収支の改善に寄与する。このため，早急に担当行政機関の設置を望む」との答申を行った。この結果，昭和4年に「対米共同広告委員会」が設立された。また同年，「国際貸借改善審議会」が設けられ，国際収支改善策について審議を行い，外客誘致施設の整備充実，海外宣伝，観光資源の保護，交通機関の整備などの施策を計ることとなった。

この答申を受け，昭和5年，鉄道省，外国人の入国および接遇，公園管理などを内務省，文化財関係を文部省がそれぞれ所管した。国際観光局の設置に伴って昭和7年に国際観光委員会が設けられ，一方，観光行政の実務に携わる関係者による「観光事業調査会」を設け，わが国に観光を全般的に見直す形での将来構想の検討を行った。

また，昭和 7 年からは，国際観光局において訪日外国人数と消費額の統計調査を実施した。国際観光に関する民間団体としては，ジャパン・リゾート・ビューロー，国際観光協会，日本ホテル協会などがあり，活発な活動を行っていた。昭和 14 年 12 月，鉄道大臣は，国際観光委員会へ観光の健全な発展に必要な方策についての諮問を行い，①観光資源の開発，②観光諸設備の整備，③各種の助成措置，④関係民間団体の充実，指導を計ることとした。昭和 16 年

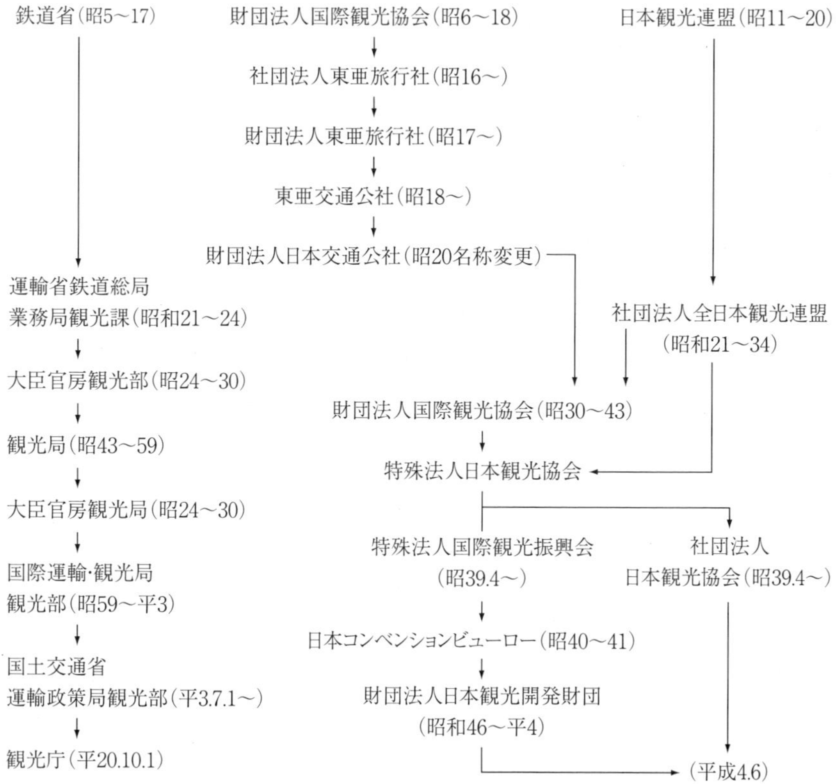

図 1-1　わが国の主要観光機関の変遷

に至って太平洋戦争の勃発とともに国際交通の途絶，物価の統制などが行われ，翌昭和17年10月には国際観光局が廃止され，観光事業は消滅した。また，ジャパン・リゾート・ビューローも，昭和16年8月「東亜旅行社」と名称変更し，昭和18年12月には，国際観光協会と合併し「(財) 東亜交通公社」となったが，終戦とともに業務を停止した。

(2) 戦後の観光政策と観光行政

昭和20年8月15日，太平洋戦争の終結とともに連合軍の間接統治下となり，農地改革，財閥解体，労働法の制定，教育改革など日本国の基本的な制度についての徹底的改革が行われた。昭和25年6月に朝鮮戦争が起こり，朝鮮特需で経済活動もやや活気を呈し，ようやく戦前の水準に達するようになり，昭和29年には消費水準も戦前を上回るようになってきた。さらに，昭和30年代前半の「いざなぎ景気」や「神武景気」を経て，昭和37年には観光開発も含む全国総合開発計画の策定が行われた。また，昭和40年代に入って，新全国総合開発計画 (新全総) が実施され，全国的な開発ブームとともに，観光開発・地域振興の施策が各地で実施された。

しかし，他方，環境破壊による公害問題が発生し出した。昭和39年のオリンピック東京大会，昭和45年の日本万国博覧会と大きなイベントが続き，レジャー産業も大衆化し，また，海外渡航の自由化，マイカーの普及などによって観光旅行も次第に増加し，マス・ツーリズムの時代が到来した。入国する外国人の増加に伴って，外務省管理局入国管理部が設立され，出入国の管理に関する制度も充実し，昭和25年7月，外務省の外局としての出入国管理事務所 (のちの入国管理庁) も設置された。昭和27年8月，法務省設置法の一部を改正して法務省入国管理局となり現在に至っている。来訪外国人旅行客数の推移は，昭和22年550人，昭和23年6300人，昭和24年1万5000人，昭和25年2万1300人と増加し，対日講和条約発効後の昭和30年には10万人，昭和35年には35万人と飛躍的に増加した。

入国者の利用交通機関は，昭和30年前後を境に以後，しだいに船舶から航空機利用による来訪者が多くなってきた。また，訪日外国人旅行客の国籍を地域別にみると，昭和 30 年代以降は，アジア州からの訪問者が約半数で，アメリカ，ヨーロッパの順と今日までその傾向が続いているのが現状である。

日本国民の海外渡航は，昭和 27 年 4 月，平和条約の発効とともに，日本人の出入国に関する主権は回復されたが，渡航目的および外貨の制限が厳しく，観光目的のための海外渡航は，昭和 39 年に 1 人 500 ドルと定められるまでは事実上不可能であった。昭和 37 年に外務省が発行した旅券の内訳は，総発行数約 6 万 8000 冊のうち，一般旅券が約 93.5％を占めていた。さらに，行く先国別渡航者数の概況はアメリカ 2 万 5000 人，香港 1 万人，イギリス 8600 人，ドイツ 8400 人，フランス 6600 人，イタリア 5500 人，タイ 4600 人，スイス 4300 人の順となっていた。

昭和 21 年，外貨の獲得がわが国の経済の復活に必要条件であるとし，「観光国策確立に関する建議」，「国際誘致準備に関する建議」などを受けて政府は，運輸省に観光課を設置し官民一体化を前提とした観光事業に関する総合的な政策を行うべく基本計画の策定に入った。昭和 22 年に招集された第 1 回国会では，衆参両院にそれぞれ観光事業問題に関する小委員会を設け，陳情，請願の処理をはじめ，文化財観光施設などの各種調査，活動を行った。地方においても観光の振興に関する各種の調査，活動が行われ，全国的な組織の設置が強く望まれ「全日本観光連盟」が結成された。昭和 20 年 9 月には，戦前の（財）東亜交通公社が（財）日本交通公社となり，旅行斡旋業を開始した。

一方，観光に関する行政組織も次第に整備され，戦前の鉄道省が運輸局となり，同省鉄道総局業務部旅客課観光係（後に業務部観光課）が中心となって，各種の観光に関する施設の整備が行われた。昭和 21 年 8 月厚生省衛生局保健課国立公園係が，続いて昭和 23 年 7 月には各省庁所管事務の総合調整あるいは一元化が必要であるところから，内閣に観光事業審議会が設置された。

行政機構として，国家行政組織が一応確立されたのは，昭和 24 年 6 月 1 日であり，この際，観光に関する行政組織は，総理府，外務省，文部省，厚生省，運輸省，建設省その他多数の省庁にわたっていた。昭和38年には観光関係連絡官会議を設け，観光に関する事務の連絡調整を行うこととし，昭和38年6月に観光基本法が制定されるまでの間，総理府を中心に観光政策・行政を実施してきた。

また，厚生年金による国民宿舎や公立青年の家（のち国立青年の家）が実現し，昭和6年に（財）日本ユースホステル協会が発足し，昭和29年，協会直営のホステル，昭和33年からは公営ユースホステルが建設され，多くの国民が安い宿泊施設を利用できるようになってきた。その他，昭和31年と昭和32年には日本観光会議を開催し，国と地方公共団体が一体となって観光事業の健全な発展を計るべく検討が行われた。昭和38年6月に議員立法として「観光基本法」が可決され，同年6月20日法律第107号として公布された。

観光基本法は，一般的な観光振興を目的としていることの外に，環境の保護，保全さらに国際親善の促進などにも重点をおいている。以来，今日まで総理府を中心とした「観光対策連絡会議」を通じて，総合的かつ効率的な観光行政の総合調整が行われている。第1回の観光対策連絡会議は，昭和38年12月23日に開催され，観光基本法に定める年次報告の作成，観光政策審議会からの答申，意見具申などの処理を行った。通称「観光白書」と称されているいわゆる観光に関する年次報告には，国内観光と国際観光の状況，観光資源の保護，観光レクリエーション施設の整備などについて各省庁が当該年において講じた施策を詳細に記述している。連絡会議は，観光概念の普及と観光資源の保護・保全を計るため，閣議了解に基づく観光週間を昭和40年以来，毎年計画し実施してきている。

昭和42年，第8回連絡会議においては，1966（昭和41）年国連総会において決議された「国際観光年」に関する諸計画を進める施策を決定し実施した。昭和42年8月，東京において開催された運輸省主催による「国際観光年記念大会」や「官設観光機関国際同盟東京総会」はその後の観光振興政策に大きく寄与するとともに観光施設の改善充実を計ることとなった。

昭和38年，上記の観光基本法によって「観光政策審議会」が発足した。この審議会は，昭和23年以来「観光事業の基本的な計画およびその他の重要事項について調査審議すること」を目的として活動をつづけてきた観光事業審議会の活動を具体的な形で発展的に引き継いだものである。観光事業審議会は，①政府が毎年講じようとする観光政策について，国会に報告する際意見を述べること，②内閣総理大臣，運輸大臣ならびに関係各大臣の諮問に応じ，調査審議し，意見を述べること，③その他調査審議を遂行するに際して必要がある場合には関係行政機関に対し資料の提出，意見の開陳，説明などの協力を求めることができること，となっている。また，審議会は2年を一任期として30人以内の委員によって構成され，政令に基づいて学識経験のある者のうちから20人以内の専門委員を選んで特定の専門事項を調査する制度も準備されている。

昭和38年6月に観光政策審議会が発足して間もない頃は，総合政策部会，国際観光部会，国民観光部会を設置するなどして基本的な体制づくりを行い，また政府の所得倍増計画もあって，観光事業進行のためとるべき当面の施策とこれに関する基本方針が中心的課題であった。昭和39年3月に開催された第3回審議会において，最初の国会報告書いわゆる「観光白書」の諮問，答申を行っている。

昭和40年から42年までの第2期には，大阪における日本万国博覧会，国際観光年，官設観光機関国際同盟（IUOTO）東京総会などの開催もあって，国際観光地や国際観光ルートの整備についての意見の具申を行っている。

第3期の昭和42～44年では，前期から引き続く国際観光年を契機に8月1日を「国際観光の日」と定めた。また，「最近の国際観光情勢の変化に対処して国際観光の振興を図るため必要とされる外客誘致および受け入れ態勢の整備について」（昭和42年11月28日答申）をまとめた。国際線のジェット化，大型化が取り入れられた大量輸送化時代を迎えたのはこの頃からである。

第4期の昭和44～46年には，第2次答申として「望ましい観光の発展のために」(昭和45年7月28日答申)をまとめ，現代観光の方向を示したほか，第5期の昭和46～48年には「国際観光の意義および政策について」，第6期の昭和48～50年には「今後の社会経済情勢に対応した観光の基本課題について」，第7期の昭和50～52年には「望ましい観光地作りの理念とその方法論について」，第8期の昭和53～55年には「訪日外国人旅行客の減少傾向と日本人の海外旅行者の急増に伴って，当面する国際観光対策について」，第9期の昭和55～57年には「国内観光の健全な発展と実現のための方策について」，第10期の昭和57～59年には「週休二日制の普及が自由時間を増大し，余暇の活用について」であった。

また，第11期の昭和59～61年では，昭和59年3月の意見具申「国際観光の新たな発展のために」において提起され，国際観光の振興に関連して国際観光モデル地区構想，国際化に対応した道路標識などの受け入れ態勢の整備について審議を行ったほか，多様化した国民の観光ニーズに対応して，既存の物的，人的観光資源の活性化についての審議活動も行っている。昭和62年策定のテンミリオン計画は日本人海外旅行者100万人という目標を当初予定より1年早く達成した歴史的事実がある。

テンミリオン計画の後を受け，日本人海外旅行の質を改善しようとするのが「観光交流計画(Two Way Tourism)」である。第13期の昭和63～平成3年では，国際交流が一層活発化しているなか，最近の円高問題は今後の観光対策や青少年を含む国際交流問題などに大きく影響を及ぼすことから，これらの諸問題を積極的に審議した。また，運輸省では，21世紀を目指して観光のより一層の振興を図るため，昭和63年4月「90年代観光振興行動計画(TAP90'S)を策定し実施している。またコンベンション振興施策では，国際コンベンション・シティ構想がある。国際会議場や宿泊施設を設置してコンベンション推進機関や魅力ある観光資源が存在する地方都市を国際コンベンション・シティと指定し，コンベンションの振興が活発化してきている。平成6年6月には，コンベンション法が制定され，振興策が講じられてきた。

観光政策のあり方に関する観光政策審議会は，これまで6回にわたり，内閣総理大臣および国土交通大臣（運輸大臣の時代から）の諮問を受けて，わが国の観光政策にかかわる基本的な方向について答申を出しており，「国民生活における観光の本質とその将来像」（昭和44年4月答申），「望ましい観光発展のために」（昭和45年7月答申），「国際観光の意義および政策」（昭和48年8月答申）等の答申がなされている。

これまでの答申はすべて昭和40年代に出されているが，この30年間でわが国の経済はいちじるしく発展し，1人当たりGNPが飛躍的に増大するとともに，高度経済成長時代からその後の低成長時代，バブル経済期からその後の不況へと時代が推移するなかで，観光をめぐる環境はいちじるしく変化してきている。平成4年6月に成立した「地域伝統芸能等を活用した行事の実施による観光および特定地域商工業の振興に関する法律」（通称お祭り法）が制定され全国各地の伝統芸能を集めた「全国伝統芸能フェスティバル」が平成5年から毎年開催され好評である。

このような状況において，国民にゆとりや豊かさを与えるものとして，また，21世紀のわが国産業・地域振興の核として，観光に対する期待は近年ますます高まってきており，これらを踏まえた今後の基本的方向を新たに確立することが求められていた。このようなことから平成6年5月24日に運輸大臣から観光政策審議会に対して「今後の観光政策の基本的な方向について」諮問が出された。観光政策審議会は3部門（観光産業・旅行振興部会，観光地域部会，国際観光交流部会）での検討を踏まえ，平成7年6月2日開催された第67回総会において，運輸大臣に対し答申（答申第39号）を行った。

本答申は，「前文」につづいて，Ⅰ．観光を考える基本的な視点，Ⅱ．21世紀の観光を創出するための具体的方策の提言，Ⅲ．施策の進め方，の3部構成になっている。「前文」においては，経済発展，雇用創出，地域振興，国際相互理解の増進等のさまざまの観点から観光を21世紀のわが国経済社会の発展の核と位置づけている。

Ｉの観光を考える基本的な視点においては，すべての人には旅をする権利がある等の７つの基本的視点が掲げられている。Ⅱの21世紀の観光を創出するための具体的方策の提言においては，一部の祝日の指定化による連休の創出，障害者・高齢者などの人々の旅行の促進，観光大学のような高等教育研究機関の設立等の13の具体的方策が提言されている。さらに，Ⅲの施策の進め方において，本答申の内容を実現するため，運輸大臣は基本方針を策定し，関係省庁等と協議して具体的な行動計画を定めることが提言されている。以上が「観光立国への戦略」とテーマ付けした審議会の答申の内容である。

平成７年に観光政策審議会より「今後の観光政策の基本的な方向」が答申されてから，少子・高齢化の進展，自然環境や地域の文化・伝統等の社会環境を重視した地域振興の必要性の増大，情報化の急速な進展等，経済社会情勢が変化してきている。一方，21世紀においては，観光は，国民生活の真のゆとりとうるおいの創出，地域の自然・文化等を生かした持続的かつ発展可能な地域社会の振興，国際的相互理解の増進等の観点から，ますます重要な役割を期待されるものと考えられる。

また，平成７年答申において示された方向をより具体化していくため，21世紀初頭における観光振興方策を確立する必要がある。このため，運輸大臣は平成11年４月に観光政策審議会に対し諮問を行った。

その諮問理由は，平成７年の答申以後，観光をめぐる環境の変化が観光に対する期待の高まりに対応し，方向性をより確立する必要があるためである。この審議会の総会の下に設置された２つの部会において検討が進められた。その後，各部会案の審議結果の内容を統合して，合同部会において答申案の作成が進められ，同年12月１日の第73回総会において答申案が諮られることとなった。答申内容は，「21世紀初頭における観光振興方策」をメーンテーマに「観光振興を国づくりの柱に」，

Ｉ．観光をめぐる諸事情

1. 経済・社会環境の変化，2. 観光の意義，3. 近年における観光をめぐ

る現状および課題

Ⅱ．21 世紀初頭の観光進行を考える基本的視点

Ⅲ．21 世紀初頭において早急に検討・実現すべき具体的施策の方向

1. 観光まちづくりの推進（個性ある「町」の表情へ），2. 観光分野でのITの積極的活用，3. 高齢者等が旅行しやすい環境づくり，4. 外国人観光客来訪促進のための戦略的取組み，5. 観光産業の高度化・多様化，6. 連続休暇の拡大・普及促進と長期滞在型旅行の普及，7. 国民の意識喚起，である。

観光は，地域にとって大きな経済的潤いをもたらすとともに，人々の交流を通じた相互理解の促進に寄与することがこれまで検討されてきた。こうした効果から，地域活性化の手段としての観光振興が模索されてきた。観光開発はまちづくりの総仕上げといわれながら，近年の日本における開発では，地域の貴重な資源を壊し，画一的な開発を行った事例が少なくない。こうした背景から，われわれは「観光によって地域の活力を取り戻すためには何をなすべきか」，「自然・文化遺産といった貴重な観光資源の世代を超えた継承のためには何をなすべきか」が今日的課題となってきているのである。

(3) 近年の観光政策

このように，過去の観光政策審議会の答申のように注目を集めている観光であるが，これまで日本では観光というと物見遊山の温泉ツアーのイメージで，軽視されてきた嫌いがある。ちなみに，平成３年から 12 年まで 10 年間の国内観光の延べ人数および消費総額の推移をみると，人数，消費額ともに減少していることがわかる。また，日本人海外旅行者数は概ね順調に増加しているものの，訪日外国人数は，日本人海外旅行者数に比べると伸びは緩やかで，平成 12 年では日本人海外旅行者数の４分の１と大きく差が開いている。

以上のように，日本人の海外旅行だけが好調で，国内旅行や外国人旅行者の受け入れに関しては低迷している。観光は，旅行業，宿泊業，輸送業，飲食業，土産品産業等ときわめて裾野の広い産業である。また，その経済効果はきわめ

て大きいことも立証されている。平成17年において，二次的な経済波及効果を含む生産効果は，国内生産額949兆円の5.8％の55.3兆円，雇用効果は総雇用6300万人の7.4％の469万人と国土交通省は推計している。このように，観光はわが国の経済，人々の雇用，地域の活性化に大きな影響を及ぼすものであり，21世紀のリーディング産業であるといえる。

なかでも，とくに訪日外国人旅行者の増加は，国際相互理解の増進のほか，わが国における旅行消費の拡大，関連産業の振興や雇用の拡大による地域の活性化といった大きな経済効果をもたらすものである。したがって，自然環境，歴史，文化等観光資源を創造し，再発見し整備し，これを内外に発信することによって，わが国が観光立国を目指していくことが重要である。

しかしながら，平成18年にわが国を訪れた外国人旅行者は，733万人であり，海外を訪れた日本人旅行者1754万人と比較して，2分の1以下と少なく，外国人旅行者受入数では，諸外国と比較しても，世界で第30位，アジアで第7位（平成16年）と低い水準にある。

小泉首相は，平成15年1月，わが国の観光立国としての基本的なあり方を検討するため観光立国懇談会（平成15年4月24日決定）を開催することに決め，その直後の第156回国会の施政方針演説において，日本を訪れる外国人旅行者を2010（平成22）年に倍増させることを目標として掲げた。

これを受けて観光立国懇談会において，平成15年1月以降4回の懇談会および数回にわたる有識者のみの会合や起草委員会が開かれ，観光の意義や課題，戦略等について幅広い観点から熱心な検討が重ねられた。

その結果，平成15年4月に，観光立国懇談会報告書が取りまとめられた。観光立国実現のための施策を効果的かつ総合的に実施するため，「観光立国関係閣僚会議」の下に民間有識者が委員を務める「観光立国推進戦略会議」（会長牛尾浩朗ウシオ電機会長）が平成16年5月から開催されている。戦略会議の下には，観光に関する実務について専門的な観点から検討を行うワーキンググループが設置されており，観光立国担当である国土交通省は，内閣官房とともに事務局を務めている。戦略会議およびワーキンググループにおける熱心な議論の結果，平成16年11月に開催された第5回戦略会議において，「観光立国推進戦略会議報告書」がまとめられた。

その報告書においては「競争」と「プライオリティ」という「民」の観点を重視した民間有識者の議論を集約して，4つの課題に対応する形で，国，自治体，産業界等に対する55の提言が記載されている。報告書は「国際競争力のある観光立国の推進」をテーマに，国際相互理解の増進，わが国経済の活性化の観点から，自然，歴史，文化，産業等の観光資源を創造・再発見し，これを内外に発信することによって，観光立国を推進していくことが一層重要となっている。また，現在の外国人旅行者数500万人を2010年までに，1000万人にするという方針の下，戦略的に観光立国に取り組んでいくことが必要である。このため，平成15年1月，総理主宰の「観光立国懇談会」を開催し，同年4月に報告書をまとめた。この報告書は，「住んでよし，訪れてよしの国づくり」の副題の下に，わが国の観光立国に向けての基本的な考え方を示したものである。

これを受けて，同年7月，「観光立国関係閣僚会議」において，関係行政機関が実行すべき「観光立国行動計画」を策定した。報告書の第1章は国際競争力のある面的観光地づくり，第2章国際競争力強化のためのソフトインフラ，第3章外国人旅行者の訪日促進，第4章国民観光の促進から構成され，提言が55項目ある。国は，これからの「観光」と「旅」の実現のため，国際競争力のある面的観光地づくりに意欲を示す地域のプランニングに対して支援を行うとともに，採択したプロジェクトについては，政策群メニュー等を活用して，政府一体となって支援していこうと意欲的である。

観光立国推進戦略会議報告書を踏まえた各主体による取り組みが着実に進展するなか，「美しい国，日本」の実現を政策目標に掲げる安倍内閣において観光立国に向けた取組みをさらに推進するべく戦略会議において，「『地域が輝く美しい国，日本』の観光立国戦略」が新たな提言として取りまとめられた。そ

の内容は，

① 地域固有の宝を生かした，個性豊かな地域づくり

② システム改革による観光消費の拡大

③「美しい国，日本」の実現とその戦略的情報発信

という3つの柱からなる45の具体的提案が記載されている。

環境・気候変動問題等を主要とし，2008年7月7日から同年7月9日にかけて北海道洞爺湖地域において開催されたサミットは，8ヵ国の首脳およびEU委員長が参加したのみならず，数千人の各国政府関係者，メディア関係者等が北海道を訪問し，国内外に北海道および日本が強力に情報発信された好機であった。平成19年11月に開催された第11回戦略会議では，この機会をとらえ「北海道洞爺湖サミットを契機とした北海道・日本の魅力の世界への発信および観光振興に関する提言」においては，

① 花を中心とする豊かな自然，海山の食，環境との共生等，北海道の地域特性を活かした北海道ブランドの確立を図る。

② 北海道における滞在体験の満足を高めるよう画一的なサービスを脱し，サービスの多様化・高付加価値化やホスピタリティーの向上，充実を図る。

③ 的確な情報発信を行うことにより，国内外における北海道観光の認知度向上を図る。

という3つの視点に立った，具体的提言が記載されている。

このような背景から，観光基本法制定から43年が経過し，わが国の観光を取り巻く状況はいちじるしく変化したことを認識し，観光を21世紀の国の重要な政策の柱に位置づける観光立国推進基本法が平成18年12月13日成立し，平成19年1月1日より施行された。わが国は世界に例を見ない水準の少子高齢化社会の到来と本格的な国際交流の進展が見込まれる中で，「住んで，訪れてよしの国づくり」を目指し，観光立国の実現に向けた取り組みを一層明確かつ確実なものとする必要性を重視しての立法処置であった。その具体的な施策は，

1. 国際競争力の高い魅力ある観光地の形成
2. 観光産業の国際競争力の強化および観光の振興に寄与する人材の育成
3. 国際観光の振興
4. 観光旅行の促進のための環境の整備

等である。

観光立国推進基本法を受け同年 6 月に，「観光立国の実現に関する施策として「観光立国推進基本計画」を閣議決定した。この計画の目標では，訪日外国人旅行者を平成 22 年までに 1000 万人にすること，および日本人の国内観光旅行を平成 22 年までに 4 倍にすることなどが掲げられている。国土交通省では，この目標を実現するためのさまざまな施策を講じているところであるが，日本全国各地においても，観光客の滞在時間を延ばす取り組みや，外国人旅行者に向けた魅力の掘り起こしなどが行われているのが現状である。

2010 年に訪日外国人旅行者数を 1000 万人とする目標に向け，日本の観光魅力を海外に発信するとともに，魅力的な訪日外国人旅行商品の造成等を行うビジット・ジャパン・キャンペーンを官民一体で推進している。訪日外国人旅行者数の拡大を担当するのが独立法人国際観光振興機構（JNTO）である。その実施本部事務局は，独立行政法人国際観光振興機構の海外プロモーション部が担当している。

日本人の海外旅行を促進する「海外旅行者倍増計画」（テンミリオン計画）」などにより順調に増加し，平成 14 年には 1652 万人になった。しかし，その一方で，訪日外国人旅行者数は 524 万人と日本人の海外旅行者数に比べて大きな格差があった。そこで，平成 15 年の 1 月に前述のとおり，小泉首相が国会の施政方針演説において「2010 年（平成 22）年に訪日外国人旅行者数を倍増の 1000 万人へ」との方針を示し，それを受けて同年 3 月に第 1 回ビジット・ジャパン・キャンペーン実施本部会合が開催されたのであった。さらに 6 月には全閣僚を構成員とする観光立国関係閣僚会議において，「観光立国行動計画」が策定された。この計画によってビジット・ジャパン・キャンペーンは日本ブランドの海外への発信のための中核的な事業と位置づけられた。

2010年に訪日外国人旅行者を1000万人にするとの目標に向けわが国の観光魅力を海外に発信するとともに，魅力的な訪日外国人旅行商品の造成等を支援する事業が中心的で，訪日外国人旅行者数の多い12の国・地域（韓国，台湾，中国，香港，タイ，シンガポール，米国，カナダ，英国，ドイツ，フランス，オーストラリア）を重点市場として定め，当該市場において効果的かつ効率的な事業展開に努めるとしている。

また，平成20年度は，訪日外国人旅行者の満足度を高め，リピーター化を促進すべく「ビジット・ジャパン・アップ・グレード・プロジェクト」として，わが国の魅力の一層の理解の促進等に取り組むほか，ICカードの共通化・相互利用化などの旅行者の利便性増進を図ることとして行動している。また，国土交通省の地方運輸局（沖縄にあっては沖縄総合事務局）では，地域の観光魅力を海外に発信するとともに，当該地域向けの魅力的な旅行商品の造成等を促進するため，地域（地方公共団体等）と連携して，外国人旅行者の訪日を促進する事業を展開している。その他，関連する事業として，査証発給手続きの迅速化・円滑化，出入語句手続きの迅速化・円滑化，国際会議の開催・誘致の推進，MICE（Meeting Incentive Convention/Congress Event/Exhibition）を通じた観光交流，訪日教育旅行の促進等が施策としてあげられる。

第2節　新たな観光政策と観光振興の施策

1　観光庁の新設と人材の育成

前述のとおり観光立国推進法の立法精神は，観光立国の実現は21世紀のわが国経済社会の発展のために不可欠な国家的課題と位置づけている。その2つの柱は，国際相互理解の増進と，地域経済の活性化である。その目標を達成するために，国全体として官民挙げて観光立国の実現に取り組む体制が必要であると政府は主張する。そして具体的には，①諸外国に対しては，わが国が国を挙げて観光立国を推進することを発信するとともに，観光交流拡大に関する外国政府との交渉を効果的に行うことが必要。いわゆる対外関係において交渉を協力に推進する体制が必要である。②関係省庁に対しては，国土交通省が観光立国に関する数値目標の実現にリーダーシップを発揮して，関係省庁への調整・働きかけを協力に行うことが必要。すなわち，政府部門で強力な調整・推進機能を発揮する体制が必要である。③地域・国民に対しては，政府が一体となって「住んでよし，訪れてよしの国づくり」に取り組むことを発信するとともに，地方公共団体・民間の観光地づくりの取り組みを強力に支援することが必要。すなわち，政府部門の相談窓口が一元化・明示化されていることが必要である。以上のような施策を展開するために国土交通省に観光庁を設置し，観光立国を総合的かつ計画的に推進すると構想している。

観光庁の長官は，大臣に準じた，局長より一段階上の位置づけをし，長官をヘッドにリーダーシップを発揮する。地方運輸局等現場に近い充実した地方組織を活用して観光振興の施策を的確に推進する。観光庁の組織・定員は，国土交通省内におけるスクラップ・アンド・ビルドによる（現行体制は予算定員79名であるが，新体制は予算定員103名）。第169回通常国会に「国土交通省設置法等の一部を改正する法律案」を提出し，平成20年4月25日に成立し観光庁が平成20年10月に新設された。これによって観光立国の実現を加速させることが目標になった。

次に，観光立国を推進するためにも観光産業の人材の養成がこれまで大きな課題となって議論されていた。わが国の大学における観光教育は，立教大学観光学科が昭和42年に，昭和49年に横浜商科大学貿易観光学科が設立されたのが皮切りであった。その後，しばらくの間，新たな観光学科は設立されなかったもののリゾート法設立以後，平成になって新たに4つの大学に設立されている。その大学は流通経済大学，北海学園北見大学，名桜大学，宮崎産業経営大学である。その後，立教大学に観光学部が新設されるや，札幌国際大学，大阪明浄大学（現在は大阪観光大学）にそれぞれ観光学部が新たに誕生した。平成15年，小泉首相が国会で観光立国推進を施政方針として打ち出すや，旧国立大学等にも続々と，観光系学科が新設された。急増の背景には観光立国の実現に向けた政府の取り組みがあるからで，政府が外国人観光客数を「2010 年には 1000 万人」にする「ビジット・ジャパン・キャンペーン」を開始したことに起因している。

2　観光関連の人材を育成する大学教育

外国人観光客数は 2003 年の 521 万人から，2007 年には 835 万人と右肩上がりで増えている。さらに前述したとおり，2007 年 6 月に観光立国推進計画を決定し，国内の観光旅行消費額を 2005 年度 24 兆円から 5 年間で 30 兆円に引き上げるなど新たな目標も掲げた。国土交通省は「観光産業の活性化が見込め，専門的な知識や高い技術を持つ人材への需要が増える」と予想もしている。ホテルでの接客や海外旅行の添乗など観光に関する人材の育成を掲げる大学が近年増え，2009 年 4 月には 40 校，入学総定員で 4000 人を突破する見通しである。日本を訪れる外国人観光客を 1000 万人まで増やすと，政府が観光に力を入れ始めた頃から，就職に有利との読みも「観光教育熱」の背景にありそうである。

文部科学省の 2008 年 4 月時点のまとめでは，「観光」「ツーリズム」「ホスピタリティ（もてなしの心）」などを学部，学科名に使ったのは 37 大学 40 学科である。定員は計 3900 人と 10 年前の 6 倍に急増したことになる。2009 年 4 月には亜細亜大学（東京都武蔵野市）など首都圏の 3 大学が，観光関連学科を開設する。いずれも文部科学省に届け出などをし，許可されれば 40 大学で計 4247 名の学生定員に膨らむようである。大学にとっては，就職の実績があがれば，受験生の人気は高くなるはずである。2009 年の新設を計画する秀明大学（千葉県八千代市）は「1 年間の英国留学で語学力を磨く」，松蔭大学（神奈川県厚木市）は「観光地を抱える県内の自治体と連携し町起こしを研究する」など，即戦力となる人材の育成に力を入れる考えである。

一方，国土交通省の調べでは，2004 ～ 2006 年度に観光関連学部を卒業した約 4200 人のうち，旅行業や宿泊施設，旅客鉄道などに就職したのはたった約

23名であった。国土交通省は就職者の数を増やす余地はあるとして夏休みなどに学生が旅行業界で就職体験するインターンシップの受け入れを企業側に求めている。しかし，企業側には「知識は入社後でも身につく。採用は人物本位だ」（大手旅行会社）と冷めた見方が多数あることも事実である。一方，「就職先を思い浮かべやすく，受験生を集めやすいが，教育の中身がなければ，いずれ志願者は減少するだろう」と指摘する見方も現実的である。

観光学の体系は，社会学部，経営・経済学部，工学系学部のどこに置かれるかで，学問体系のウェートが変わってくる。観光学の体系を探るうえで，鈴木忠義氏（東京工業大学名誉教授）の示唆した観光学を形成する９項目は，①観光原論，②観光理論，③観光開発，④観光開発各論，⑤観光対象と活動，⑥観光手段施設，⑦観光政策，⑧観光経済，⑨観光経営で有益な定義であった。

立教大学における観光学の教育プログラムは，現在，大まかに３コースで構成されている。この３つのコースは，観光原論，観光社会学という分野を学ぶ観光文化研究コース，観光経済効果や観光開発，観光計画を学ぶ観光地域研究コース，宿泊産業，旅行業の経営手法を学ぶ観光経営研究コースで構成されている。

観光分野において運輸・交通を総合的にとらえる方法として，その体系を理解することが必要である。観光交通のモード別にその利用者動向とその背景，政策の国際比較，各産業体の特性や関連動向をとらえて議論しなければならないのである。加えて，地域に対応した観光計画を立案するには，観光行動特性，交通計画，距離帯別交通機関選択，高速交通体系と観光立地の因果関係等をとらえた視点が必要となる。このように，観光学を学び，知識を備え，その後現場で経験することによってそれらを体得し，技術を備えて初めて観光ビジネスにたずさわる者としての要件を満たすことになるのであって，これが観光学教育に求められるものと考えられるのである。

なぜ近年急に観光に関連する学部や学科の新設が相次いでいるのだろうか。背景のひとつに国の政策がある。平成15年１月の第156回国会で小泉首相は，施政方針演説において観光振興を重点課題とする宣言をし，同月には観光立国懇談会が設置され，「訪日外国人旅行者を2010年までに1000万人（2006年733.5万人）とすることを目標にした「ビジット・ジャパン・キャンペーン」が展開されることになった。また，日本には昭和45年制定の観光基本法があるが，平成19年新たに観光立国推進基本法が施行された。「観光産業の国際競争力の強化及び観光の振興に寄与する人材の育成」について，観光旅行者の需要の高度化や観光旅行の形態の多様化に対応したサービスを提供すること，観光事業の従事者の知識と能力を向上させること，地域に固有の文化・歴史等に関する知識の普及が必要であることが規定されたのである。すなわち，高等教育機関である大学にも，将来の観光事業を担う人材の育成が求められるようになったのである。また，(株) 毎日コミュニケーションズの2007年度大学生就職人気企業ランキング「文系総合ランキング」において，旅行関連企業が上位に名を連ねるなど学生のニーズに合致していることもある。ランキングは，第2位JTBグループ，第3位ANA，第4位JAL，50位以内には，オリエンタルランド（15位），近畿日本ツーリスト（16位），エイチ・アイ・エス（19位），JR東海（26位），JR東日本（33位），日本旅行（45位）などの企業がみられる。

もうひとつの背景は，大学改革の伸展である。規制緩和により，大学の学部・学科の新設・改組が行いやすくなったことがあげられる。その結果，社会のニーズに対応する学科として，観光学部・学科が数多く誕生した。また，国立大学は，平成16年国立大学法人化を契機に，特色ある大学づくりに力を入れるようになった。とくに地方の国立大学は，立地する地方への寄与も大学の使命のひとつとなり，大学と地域企業との産学連携とともに，地方活性化を担う人材育成として，観光学や地域再生の学部・学科新設が検討されるようになったのである。現在，訪日外国人旅行者数は，「ビジット・ジャパン・キャンペーン」スタート時の平成15年の521万人から，平成18年の733.5万人へと大幅に増加している。中国等アジア諸国の経済発展により，日本への旅行者数は今後さらに増加すると予測され，国内観光についても，団塊の世代の退職に伴う余暇活動が拡大されることが見込まれている。今後，一層の拡大が予想される観光産業を支える人材育成と研究が，求められているのである。

3　東京都における都市観光の新戦略

1980年代に入り，「都市」づくりの重点が「産業・経済」の発展から，「都市」の個性・歴史・文化を活かした地域づくりに向かってきた。観光の分野においても，従来の物見遊山的な観光から参加・体験型観光へとその重点が移り，アーバン・ツーリズムもその流れに沿って大きく変化してきている。

こういった動向に対して，都市が本来もっている文化・個性・歴史的遺産を活かしたり，人間として生きる「悦び」，精神的な豊かさを都市に希求する方向がアーバン・ツーリズムにも顕れてきている。アーバン・ツーリズムも，従来のように，都市の名所を「物見遊山的」にみせる段階から「教養・芸術・文化的欲求を満たす」段階へとステップアップしてきている。その都市のもつ歴史的価値，アミューズメント的価値が再評価され，壊れた景観を修景・修復するとともに，空いた町屋をギャラリー，芸術教室，憩い，ふれあいの場，地域と触れ合う場として位置づけられるようになってきたのである。

同時に「ニューツーリズム」と呼ばれる動きも登場してきた。これは，自然とのふれあい・産業観光や疲弊した中心商店街の活性化・まちづくりの切り札としても期待され，実際，いくつかの都市で実績を上げている。この動きは活発で，「市民参加型」観光の様相もいっそう強くなり，地場産業を単に見せるだけでなく，作品を作ったり，スローライフを体験したり，さらには森林浴，里山体験，野鳥の自然復帰観察など自然のもつ「よさ」を活かす「エコ・ツーリズム」と組み合わせたパターンも盛んになってきた。まさに今日，アーバン・ツーリズムは，このように大きな変革の時期にさしかかっているのである。

大阪では，「創造都市」の建設を標榜し，水辺の景観や職・笑文化などを活かしたまちづくりが，京都では街並み保存・町家を活かしたまちづくりなど，アーバン・ツーリズムがなされている。歴史資源のある関西では，このほか奈良町や「黒壁」(長浜) など景観保存をまちづくりに活かした取り組みが数多く行われている。

都市観光に目覚めた東京都は平成19年3月に「東京都観光産業振興プラン」を策定して,「活力と風格ある世界都市・東京を目指して」を目標に, この振興プランに基づく戦略的な取り組みの展開により, 東京の魅力を飛躍的に向上させ, 活力と風格のある世界都市・東京の実現をしていこうとの戦略である。1, 目標→5年後には外国人旅行者を年間700万人, 国内旅行者を年間5億人誘致を目指す。その経済波及効果は10.7兆円, 雇用効果は66万人となるとの試算である。その戦略として, オリンピック招致を契機に活力と風格のある世界都市・東京を実現しようと, ①オリンピック招致を契機とした東京の魅力向上, ②外国人旅行者誘致に向けた国際的な都市間競争, ③観光で少子高齢社会を活性化しようと展開している。東京都は, これまで軽視してきた観光を重要な産業と位置づけ, 国に先駆けてその振興に向けた施策を展開してきた。

その結果, 東京を訪れる外国人旅行者は, 平成17年には450万人へと着実に増加し, 6258億円の経済波及効果を都内におよぼしている。また, 国内旅行者数は年間4.1億人となり, 8兆円の経済波及効果を生じさせるなど東京の経済活性化に大きく寄与していることが評価された。これまで展開した観光戦略は, 平成14年から18年度までの主な成果は, 海外へシティセールスを展開し東京へのツアー商品開発が約300件, 約14億円の広告効果があった。ウェブサイト「東京の観光」を開設(8言語, 9種類) により, 年間1800万件を超えるアクセスがあった。「観光まちづくり基本指針」の策定によって, 気運醸成を図るとともに地域の核となる人材を育成した。「水辺空間の魅力向上に関する全体構想」の策定により, ④言語・ピクトグラム (絵文字) を用いた歩行者用案内標識を490基設置した。都庁, 京成上野駅, 羽田空港に「観光情報センター」を設置し年間約980万人が利用した実績がある。

次に, 今後の観光産業振興策の展開は, 目標の活力と風格ある世界都市・東京を実現していくために,「東京の魅力を世界に発信」「観光資源の開発」「受容体制の整備」の3つの柱に沿って，現状と課題を整備し，推進すべき施策を掲げ，国内外からの旅行者の誘致に取り組んでいくとしている。

今日，観光をめぐる社会経済状況の変化はいちじるしく，これに的確に対応していくために，特に重要な施策について，戦略的取り組みとして位置づけたところが特徴的である。本プランでは，第1章，観光の重要性と新たな要因，第2章，今後の観光産業振興策の展開，第3章，観光産業振興プランと実現をめざして，第4章，これまでの観光産業振興策の成果，から編成されている。

次に，各章の概要を論ずることになる。

第1章　1，観光の必要性

2，観光をめぐる新たな要因

(1) オリンピック招致を契機とした東京の魅力向上

(2) 外国人旅行者誘致に向けた国際的な都市間競争

(3) 観光で少子高齢社会を活性化

3，観光の経済波及効果

4，本プランの位置づけ

第2章　〈戦略的取組〉

1，東京の魅力を世界に発信

(1) シティセールスの積極的な展開

(2) 観光情報の発信等

(3) コンベンション誘致活動の展開

(4) ビッグイベントと連携した東京の魅力発信

2，観光資源の開発

(1) 美しい景観の形成

(2) 水辺空間の魅力向上

(3) 東京フィルムコミッション

(4) 自然と調和した観光―多摩地域，伊豆地域

(5) 産業観光の推進

(6) 歴史・文化・スポーツ等を活かした観光

(7) 観光まちづくりの推進

3，受入体制の整備

(1) 交通アクセスの整備

(2) 温かく迎える仕組みづくり

(3) ひとりでまち歩きが楽しめる都市の実現

(4) 観光ボランティアの活用の推進

(5) 海外青少年の教育旅行受入の促進

(6) 旅行者の安全確保

第3章　1，各主体の役割分担

2，事業の推進

3，財源の確保

第4章　参考資料

で構成されている。

10年後の2016年のオリンピック開催は，成熟を遂げた東京をさらに機能的で魅力的な都市につくり変える大きな契機となると予想している（2008年現在，招致活動中）。そのため，東京都では，オリンピックが開催される2016年の東京の目指すべき姿と，それに向けた政策展開の方向性を示す「都市戦略」として「10年後の東京」を平成18年12月に策定したのである。10年後の東京が目指す，世界の人々が憧れ，訪れるTOKYOの実現に向け，「東京都観光産業振興プラン～活力と風格ある世界都市・東京をめざして～」では，「東京の魅力を世界に発信」「観光資源の開発」「受入体制の整備」の3つの柱に沿って施策を推進し，活力と風格ある世界都市・東京の実現を目指すのだというのである。

実施にあたっては，国や民間事業者など，各主体が担うべき役割を適切に分担し，連携して取り組みを推進していくのだという。なお，10年後の東京を踏まえて今後5年間の行動指針を示すものであるが，平成19年度からとくに重点的に取り組む事業については，「平成 19 年度重要事業（平成 18 年 11 月）」において，3 年間のアクションプランを年度ごとに示しているのである。

国際都市東京の魅力を高め，観光の振興を図る施策に充当するため，宿泊税による安定的・継続的な財源の確保により，観光産業振興プランの着実な実現を図ることも施策の一環であるというのである。

注

(1) 塩田正志『新・観光総論』学術選書　1991 年　p.51
(2) 同上書　1991 年　p.52
(3) 小山栄三『宣伝技術論」高陽書院　1937 年　p.285
(4) 同上書　pp.285 ～ 286
(5) 同上書　p.298
(6) 同上書　p.302
(7) 同上書　p.304
(8) 岡庭博『観光論概要』法律文化社　1969 年
(9) 津田昇『国際観光論』東洋経済新報社　1969 年
(10) 塩田正志　前掲書　学術選書　1991 年　pp.53 ～ 54
(11) International Union of Official Travel Organizations の略称。公的旅行機関国際同盟，官設観光機関国際同盟とも訳される。WTO の前身的な国際機関。
(12) ガイドの質の向上のために制定された。
(13) 特殊法人としての日本開発銀行を通じて政府資金を低利かつ長期に融資してホテル建設を促進することを目的に制定された。この法律に基づいて多くの洋式ホテルが増・新築され，国際観光発展の基盤となった。
(14) 昭和 23 年内閣に観光事業審議会が設置され，昭和 29 年 5 月同審議会から観光事業振興のための法制化が必要であるとの提言。昭和 31 年「観光事業振興基本要綱」を閣議決定するに至った。昭和 38 年 6 月に議員立法として「観光基本法」が可決，同年 6 月 20 日法律第 107 号として公布施行された。
(15) 観光基本法の施行に伴い，昭和 38 年 12 月 12 日関係行政機関の事務の緊密な連絡と総合的な施策の推進を計ることを目的として，総理府に「観光対策連絡会議」（のちに観光対策関係連絡と改組）を設置した。この会議は，総理府総務長官を議長として 14 に及ぶ府省庁の事務次官により構成され，さらに，下部組織として 26 名の各省庁部局長から幹事が指名されている。以来，今日までこの観光対策連絡会議を通じて，総合的かつ効率的な観光行政の総合調整が行われている。

参考文献

塩田正志『新・観光総論』学術選書　1991年
鈴木茂ほか『観光立国と地域観光政策』晃洋書房　2007年
鈴木勝『観光立国ニッポン事始め』NCコミュニケーションズ　2007年
羽田耕治監修・著『地域振興と観光ビジネス』(株) JTB能力開発　2008年
佐々木一成『観光振興と魅力あるまちづくり』学芸出版社　2008年
小松原尚『地域からみる観光学』大学教育出版　2007年
寺前秀一『観光政策・制度入門』ぎょうせい　2006年
中崎茂『観光の経済学入門』古今書院　2002年
河村誠治『観光経済学の原理と応用』九州大学出版会　2004年
池田輝雄『観光経済学の課題』文化書房博文社　2004年
前田勇編著『現代観光総論（第三版）』学文社　2006年
岡本伸之編著『観光学入門（有斐閣アルマ）』有斐閣　2001年
溝尾良隆『観光学—基本と実践』古今書院　2003年
井口貢『まちづくり・観光と地域文化の創造』学文社　2005年
島川崇『観光につける薬』同友館　2002年
堀川紀年『日本を変える観光力』昭和社　2007年
都市観光まちづくり編集委員会編『都市観光とまちづくり』学芸出版社　2003年
吉田春夫編『観光と地域社会』ミネルヴァ書房　2006年
山村順次編著『観光地域社会の構築』同文舘　2006年
長谷政弘『観光振興論』税務経理協会　1988年
ジェームス，ヌック（溝口治ほか訳）『観光経済入門』日本評論社　2005年
M・T・シンクレア他（小沢健市訳）『観光の経済学』学文社　2001年
山上徹也『現代観光のアプローチ』白桃書房　2003年
須藤廣『観光化する社会』ナカニシヤ出版　2008年
山下晋司『観光文化学』新躍社　2007年
佐藤喜子光ほか『観光学への扉』学芸出版社　2008年

第２章　観光政策形成と外国人観光客の誘致戦略

第１節　観光の政策形成

1　観光の政策形成

政策形成は，各国の政府の施策のシンボルであり，観光政策にあっても各国の主要な国家レベルの施策の重要なポジションである。政策決定は，政府レベルの意思決定（decision waking）である。その意思決定とは，通常，ある主体（個人でも集団でもよい）のとる，離散的な（discrete）はっきりとしたはじめと終わりのある行為を説明しようとするものである。それは，decision の語源が「切り捨てる」ということにあることにもうかがえるように，いくつかの可能な選択肢のなかから，他を切り捨てて，あるひとつの行為をとる，ということを含意するのである。このように意思決定は，単に政府だけのものではなく，個人のレベルから集団まで広くみられるものである。

観光政策の視点から考察すると，近年，わが国は世界第２位の赤字観光収支の状況にあるといわれている。このことから，平成 15 年１月の第 156 回国会で，小泉首相は，赤字観光収支の解消策として，世論の動向を把握して観光立国推進基本法の創設を考慮した。このような状況は，個人レベルから集団レベルへの観光施策の変換の一環であろう。

政策決定というとき，そのなかには，単に意思決定だけではなく政策形成（policy-working）も包摂されているのである。政策（policy）は，意思決定と同様に選択的な行為を含むものの，それはむしろ政府のもつある問題についての将来にわたる方向，目的，さらにはプログラムなどを指すものである。

そして政府は，このような政策を引照しつつ，時々の状況と条件に併せて，具体的な行為をとる，と理解することができる[(1)]。

その意味で，政策形成は，社会集団間の利害の調整や，政治的な決定を必要とする問題を特定し，その代替解決策をめぐる社会および政府内での論議，その政治的決定あるいは政策決定に至る過程を指すのである。広義の政策形成においては，特定の政策が関わるすべての政治現象，すなわち，選挙における争点化，マス・メディア等における政策論議，利益集団政治，行政組織内過程，議会過程のすべてが含まれる。狭義の政策形成は，公的，政治的決定に直接つながる過程のみに限定されるのである。

しかしながら，現代民主主義国家においては，民間有識者が含まれる審議会，コミッション等が政策形成に関与したり，また，マス・メディアにおける政策問題の争点化や世論の喚起が常態化しているため，広義の定義が，現実の政策形成を分析する観点としては有用である。このため，広く政策形成をみる観点は，政治現象一般を分析する新たな視角を多く提供してきたのである。

ある特定の社会問題が政策問題化しないことに権力の存在を確認する権力理論，利益集団と国家との協調的な政策協議を分析対象とするコーポラティズム論，異なる立場の利益集団が政策決定に影響力を行使しようとする対抗関係に多元的な競争過程を見出す多元主義論等が，それにあたる。また，政策形成が，それの行われる政治過程全体を一般化し特徴づける可能性をもつとするこれらの観点に対し，政策形成は，政策分野ごとに異なるといった政策形成過程自体の分析に重点をおいた立場も存在するのである。

2　政治システムと政策の意思決定

政治の事象を考える場合，われわれは複数の個人から成る社会集団を考えるのが通常である。その社会集団の意思決定とは，その集団が行った離散的な，はじめと終りが明らかな行為，およびそれに至る過程であるといえるのである。このような政府の意思決定を考える場合，われわれは，まず，政治学的にみて，それがどのような意味をもっているのか，おおまかな位置づけをしておく必要があるのである。

まずイーストン的に政治を「価値の権威的な配分」[(2)]と定義すれば，政府の意思決定は，そのような価値の配分を行う政府の行為に関わるものである。そのような政府の意思決定は，図2-1のような文脈でとらえられる。まず，「環境」（一般社会，外国等）から，さまざまな要求が政治システムに対して入力される。それらの要求は，さまざまな社会集団などによって行われ，当初は分散したものである。そのような分散した要求は，政党，利益集団などによって「集団」に入力される。政治システムにおいて意思決定を担う集団とは，通常，行政府と立法府であることはいうまでもない。そして，そこでの決定は，官僚組織を通じて実施され，それが「環境」への出力となるのである。その出力は，社会一般あるいは外国によって「評価」され，その評価に基づいて再び要求（あるいは支援）が政治システムに入力されるのである。

たとえば，米国が日本に対してさまざまな市場開放の要求をつきつけて来ることを考えてみよう（入力）。例として，米の輸入要求を考えてみる。そうすると，日本において，農業団体（JA），消費者団体（主婦連等），経団連などの集団は，それに対してさまざまな立場をとることになる。そして，それは，政党レベルで集約され，また，行政へのさまざまな要求と，それに対する行政の対応を引き起こす。そして，日本の場合，政権党である自民党と公明党および首相を中心とする政府が最終的にどのような選択肢をとるかの意思決定を行うの

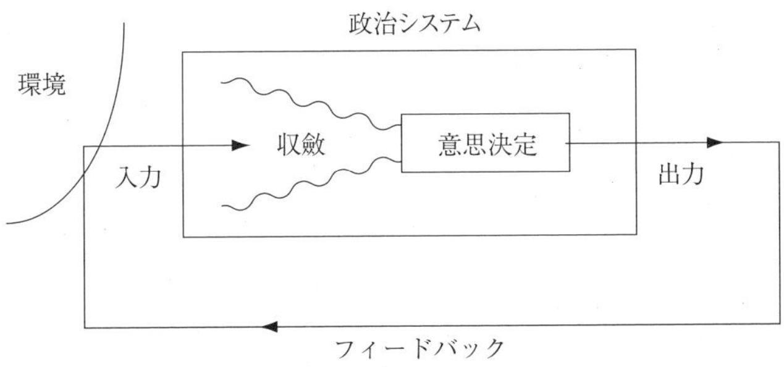

図 2-1　政治システムと意思決定

である。そして，その結果とられた行為——たとえば，自由化拒否——は，日本国内および米国（そして他の国々）への出力となる。結果として，農業団体は高く評価し現政権へ支持を与えよう。しかし，米国はそれに満足せず，日本に対して再び要求をつきつけることになろう。この度の21世紀初頭における観光振興方策を確立する必要があるとして，平成11年，観光政策審議会に対し諮問し，答申を受けた「観光振興を国の柱に」は，こうした世論の高まりから実現した。以上のプロセスを，とくに行政府という観点からみれば，図1-2に示した「政策サイクル」としてとらえられるのである。

図2-2は，選択プロセスに対応する狭い意味での意思決定過程であり，とくに，Ⅱ，Ⅲ，Ⅳは，その中核になるものである。以上の論理をまとめると，政策が形成され，決定され，執行されるプロセスを政策過程というのである。政策を公共政策に限定するならば，政策過程は，政治過程の中核部分を占めることになる。政策過程は，たとえば，問題の調査，目標の設定，可能な選択肢の確定，最適政策の選択，決定，執行，評価と修正という諸段階からなるが，現

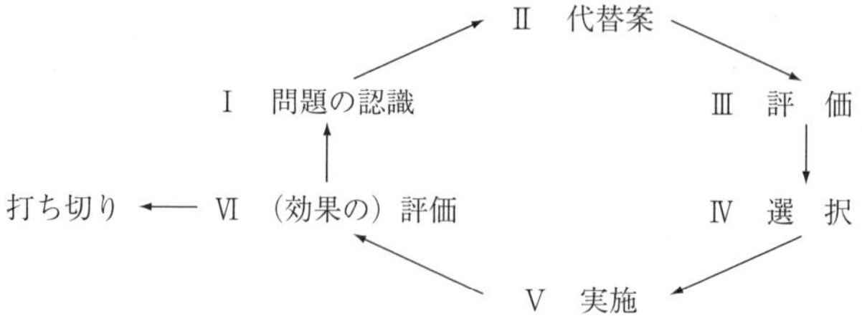

上図は，ブレア（Garry Brewer）とデレオン（Peter Deleon）によるものである。(3)
彼らは，政策過程を次の6つ段階（フェーズ）から成っているものと考える。

Ⅰ．政策の発意（あるいは問題の生起—何か問題が起き，この問題を何かの決定を要請するものとなる）
Ⅱ．選択肢（政策代替案）の設定
Ⅲ．代替案の事前評価
Ⅳ．政策評価（選択肢のなかからひとつの政策を選ぶ）
Ⅴ．政策実施
Ⅵ．政策評価（実施された政策の効果を事後的に評価する。もし，効果が十分であれば，その政策は打ち切られ，不十分であれば問題あり，と認識され，再びⅠに戻っていく）

図2-2　政策サイクル

実の政策過程をこのような合理的手順から成るとみる見方（合理モデル）は今日有力とはいえないのである。現実には以前の決定パタンに修正を加えつつ進む（増分主義）か，あるいはある政策を押し出す諸条件の時々の組み合せが重要である（ゴミ缶モデル）などの見方がある。さらに，ローウィ（Theodore Lowi）らは，政策が規制に関わるものか，再配分に関わるものであるかなど。当該イシューの内容によって，政策過程の特質が影響力をもつアクターが大きく異なっていることを明らかにし，政策過程の類型化を進めた。

3　政策の決定とその実施

行政府における意思決定を考えた場合，そこに参加する意思決定者は，完全に，個別（人）化された引照基準に従ってのみ，自己の擁護する目的，手段を決めるというものではない。彼らは，集団として共通に引照する基準となるものをもっているのである。それは，その集団の成員間に共有されている信条体系という場合もあろうが，政策として「外在化」されているものも存在するのである。政策とは，ある主体のもつ将来の方向，それに到達するプログラムなどを含んでいるのである。また，場合によっては「環境」（現実）に関しての一定の認識の上に立った「もし～が起きたら，～をせよ」という行動指示の体系をも含むものである。このような，いわば，「将来にわたる目的―手段の体系」は，政府の文書，発言，計画プログラムなど，言葉で表現されたいわば象徴の体系（symbolic　system）としてあらわれる。象徴の体系というと堅苦しく聞こえるが，それは，要するに言葉であり，言葉の体系であると考えてよい。

たとえば，日本の現政府の対外政策は，「日米基軸」「東西の抑止」「自由貿易」などの言葉の体系から成り立っていると考えられる。それは，かなりの程度，（他者からみて把握／認識可能という意味で）「外在化」されており，政府の行為（の幅）を指定するものである。と同時に，それ自身，政治システムの「出力」となっており，政治システムの成員の評価の対象となる。さらに，その体系は，立法（法律）のなかに，そして，官僚組織の編成などの制度／組織の体系として表出する。「将来にわたる目的と手段」の象徴体系は，その目的を担う組織を指定し，また，象徴体系に組み込まれているプログラムを作成し，実施する組織が作られる。

たとえば，新しい政策なり，あるいは優先順位の高くなった政策に関しては，新しい官僚組織が作られたり，ポストが創設されたりする。象徴の体系，組織の体系が与えられた場合，それに沿って，現実の場で，さまざまな行為が，時系列的にとられていく（たとえば，毎年の予算配分）。それを行為の糸と呼ぶとすれば，それは政策を表すひとつの指標となっている。

象徴の体系，組織の体系としての政策は明示的であり，行動の指示もきわめて明確なものから（たとえば，ある種の許認可政策），漠然としたものまで多様である。とくに後者の場合には，その分野の政策は，現実に採られた行為の糸としてとらえざるを得ず，また，われわれは，行為の糸から逆に象徴の体系を推測する，という作業を行うことになる。

たとえば，ある国の対外政策が象徴体系（たとえば，政府の声明）として必ずしも明確ではなくとも，その行動の糸において，ある国に対してつねに，友好的な行動をとり，他の国に対しては敵対的な行動を取れば，われわれはその国の対外政策（方向，目的）を推測することができよう。

政府の政策を念頭に置いた場合，われわれは通常，政府（政策担当者，政権政党など）のもつ象徴体系としての政策を考える。それは，政策担当者の信条体系，認知構造に基づいて，あるいは国内のさまざまな社会集団を念頭において，政策ブレーン，審議会，政党内での政策審議機関などにおいて，さらに，立法過程を通して形成されよう。また，象徴としての政策体系は，経験と「環境」の変化によって，精緻化されたり，修正されたりするものである。象徴の体系としての政策はそれ自身政府の「出力」であり，政治システム内/外の集団によって評価されるものである。したがって，政府はその評価に基づいて，象徴の体系を修正せしめることができる。

ところで，政治システムのなかに分布する象徴体系としての政策は，個人なり集団の価値・イデオロギーにかかわり，また，諸集団間の価値配分の方向を示すものである。したがって，象徴体系としての政策は，政治システムに広く共有されている場合もあるが，むしろ，集団間に異なるものが保持されているのが通常である。そして，どの象徴体系が選択[4]されるかは，選挙，議会における立法過程，さらには行政省庁間の争いを通して行われる。象徴体系（組織の体系）としての政策と行為（意思決定）との関係は，複雑であり，両者はある種のフィードバック関係で結びあっている。以上の議論は，全体としては，図 2-3 のように示すことができる。そこには，意思決定，政策（象徴）体系，そして（完了）組織，という３つの間の相互関係が示されている。

政府の意思決定とは，繰り返していえば，政府がある問題に対応して一定の選択肢のセットのなかからひとつの行為を選択するということである。政府の意思決定の在り方には，そこに参加する人や集団の間の力（統御）関係によって，また，彼らの間のイメージがどれくらい共有されているかなどによって，いくつかのタイプに分かれるのである。政府の意思決定においては，そこに参加する人や，集団は，それぞれがもつ認知構造をもとにして，問題を知覚し，解決し，自己の目的を設定し，一定の行動を擁護する。しかし，それと同時に，政府全体に関して，さまざまな分野において，将来にわたる方向，目的，さらにはプログラムを含む，象徴の体系としての政策が存在する。そして，政府の意思決定に参加する人々は，その政策を引照しつつ，選択肢を検索し，評価して，

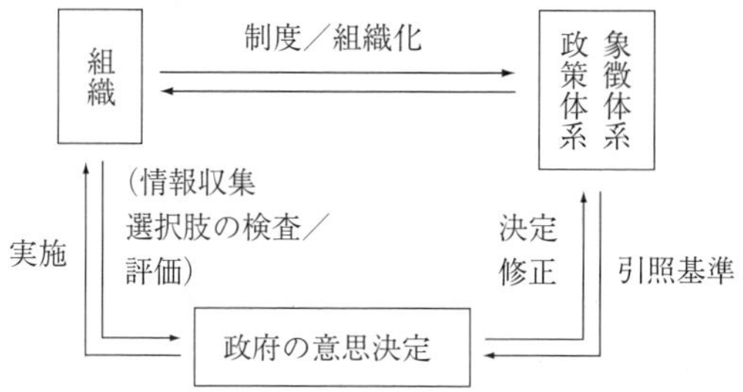

図 2-3　意思決定，政策，組織の相互関連

決定を行おうとする。また，逆に，象徴としての政策体系は，政府がなしてきたさまざまな意思決定の産物でもある。

政府の意思決定，それもとくに行政府内の意思決定を考えたとき，官僚組織は，情報を収集し，解釈し，さらには解決のための手段を検索し，評価し，それを政府の意思決定に入力する。また，行政府内部の意思決定に参加するのは，官僚組織に「長」であることから，官僚組織の利益なり権限争いが，政府の意思決定過程に入力されるのである。つまり，官僚組織は，一定の状況において標準化された作業手続きを繰り返すのである。

このことに由来して，政府が新たな意思決定を行った場合，組織は，それと矛盾する行動をとる場合が生ずる。象徴体系としての政策は，政府の意思決定に参加する人々の選択プロセスにおける引照基準となるだけでなく，それに基づいて，組織の行動，権限／担当が制御されるのである。そして，組織は逆に，政府の意思決定を実行する行為の糸を作り出すことによって，象徴としての政策体系を裏うちしていくのである。法律に定められた，あるいは公的な決定（政令・省令）を経た政策を担当の行政組織が実行することを政策執行という。執行，行政執行に比較して，執行者が政策決定者から独立した影響力を行使する可能性を保留した場合を指して使われる場合が多い。

民主主義国家においては，有権者の代表（議会，内閣，大統領等）の決定が，代表者でない行政組織によって，一義的に執行されないことは規範的な問題をはらむようである。しかしながら，政策が対象とする分野が多岐にわたり，国家および地方政府のサービスが拡大するにつれ，決定された政策から，画一的に政策執行が行われることは期待できない。将来，現実に起こる状況に関する微細にわたる解決を含む政策決定を行うことは不可能である以上は，政策執行を必要とする状況の解釈においても，執行者による相違が存在するからである。

それゆえ，執行者の決定内容に関する恣意的解釈や糸がなくしても，執行段階における影響力行使は可能である。また，こうして不可避的に生ずる解釈や最良の余地を利用した影響力行使を特定することは，直接的な権力の行使の特定より困難である。それゆえ，政策執行に関しては，そこにおける影響力行使の可能性，決定者と執行者との関係が，政策執行を分析する観点として欠かせないのである。

第２節　観光の政策評価と観光振興の試み

1　国土交通省の政策評価

国土交通省は近年，観光政策をより効果的な施策となるように，3つの政策評価システムを実践することにより，4つの目的の達成を目指すようになったのである。その4つとは，①国民本位で効率的な質の高い行政を実施する，②成果重視の行政への転換を図る，③統合のメリットを活かした省全体の戦略的な政策展開を推進する，④国民に対するアカウンタビリティ（説明責任）を果たす，である。

国土交通省は，他省庁に先駆けて政策評価を導入し，政策アセスメント，政策チェックアップ，政策レビューの3つの評価を実施することにより，プラン（PLAN）―ドウ（DO）―シー（SEE）の「政策マネジメントサイクル」の確立を目指しているのである。これにより，実施した施策・事業等の効果や問題点を絶えず把握し，予算要求や政策の企画立案につなげている。

政策評価基本計画・実施計画，各政策評価書については，国土交通大臣をメンバーとする省議において決定している。政策アセスメントとは，新規施策（予算要求，税制改正，要望，規則，法令改正など）について，必要性，有効性，効率性をチェックし，企画立案に活かしている。平成17年度概算要求に当たっては，50の新規施策について実施した。

政策チェックアップとは，国土交通省の27の政策目標ごとに業績指標とその目標値を設定し，その目標の値を定期的に測定・分析することにより，政策の見直しや改善につなげるのである。国土交通省では，全体を網羅する27のアウトカム目標と，その達成度を示す117の業績指標・目標を設定している。

政策レビューとは，既存政策について，国民の関心の高いテーマなどを選定し，施策の実施とその効果との関連性や，外部要因を踏まえた施策の効果などを詳細に分析・評価し，政策の見直しや改善につなげているのである。これまで19のテーマについて実施済みである。

国土交通省では，評価の客観性の確保や質の向上を図るため，学識経験者や国民の代表から意見を直接伺い，評価の向上に役立てているのである。その機関として，国土交通省評価委員会，パブリックコメントの実施，事業評価委員会，社会資本整備・交通政策合同審議会などを設置して，評価向上に尽力しているのである。

2 東京都の観光振興の試み

日本は，世界第2位の観光赤字国といわれている。その額は，3兆6千億円（平成15年度）にものぼるのである。観光赤字とは，日本人海外旅行者が使ったお金と，訪日外国人旅行者が日本で使ったお金の差によって算出されるものである。例えば，2001（平成13）年度版の『観光白書』によると，日本人が海外旅行で使ったお金は，世界第4位の4兆34億円であり，一方，外国人旅行者が日本で使ったお金は，世界第31位の74億円に過ぎないのである。旅行者数に関しても，日本人海外旅行者数は，1,622万人であり，訪日外国人旅行者数は，447万人という状況であった。

観光は，移動・食事・買い物・宿泊などをはじめ，さまざまな経済活動をすることでもある。日本を訪れる外国人が増えれば，運輸や宿泊・飲食業など多くの産業に経済的効果が波及し，新たな雇用の創出にもつながるのである。このような観点から考えると，観光は，巨大産業であることは明白である。わが国の観光政策は，国土交通省の中にある観光部が取り扱っているが，国土交通省とは，運輸・港湾・船舶・鉄道・気象などを管理・監督する行政機関であり，産業そのものを取り扱う機関ではない。

観光は，本来，経済産業省が取り扱ってしかるべきものであるといえる。かつて海外旅行者倍増計画（テンミリオン計画）という，貿易黒字解消のために，日本人の海外旅行者を増やすための政策がとられたが，逆に外国人観光客を日本に誘致するための政策は，皆無に等しかったのである。あったとしても，それは，オリンピックやワールドカップなど期間中に限った一過性的なものばかりというのが現状であった。

東京都の石原知事は，これらの背景の中で，観光哲学を持ち合わせていない国を尻目に，独自に外国人旅行者の誘致に乗り出したのである。石原知事が都知事に就任する以前は，東京都も観光は産業としてではなく，文化交流という観点で捉えられていた。そこで，石原都知事は，都庁の体制から着手したのである。2001（平成13）年度には，これまでの生活文化局から産業労働局の中に観光産業課を移設した。そして，翌年には，観光産業課を観光部とし，東京を世界の観光都市にするために，動き出したのであった。そして，そのためのさまざまな施策の実現に必要な財源確保のために，宿泊税を導入したのである。

宿泊税とは，ホテルなどの宿泊客を対象に，課税する法定外目的税のことである。課税額は，1泊1万円以上1万5千円未満の宿泊料金に対し100円，1万5千円以上には200円となっており，2002（平成14）年の10月1日から実施したのである。宿泊者の負担に配慮して，1人1泊1万円未満の宿泊に対しては課税しないことや，大衆課税にならないよう，考慮されているのである。年間税収は，15億円程度が見込まれ，その収入は，すべての旅行者にわかりやすい案内標識の整備，観光案内所の整備・充実，観光情報の提供，観光プロモーションといった観光振興策に充てられているのである。

東京は，日本の首都である。政治・経済・文化の中心地であり，ITなど先端的な産業が集積している都市でもある。一方，江戸時代以降，400年の歴史や文化が今でも息づき，多摩や伊豆，小笠原地域には自然が豊富にある。世界に通用する観光資源があるにも関わらず，これまで国だけでなく東京もその力を活かすための努力を怠ってきた。それは文頭で示した世界第2位の観光赤字国という現実が，如実に物語っているのである。そのような憂うべき状況を解決するために，石原知事は東京発の観光革命に着手したのであった。

第3節　外国人観光客の温泉観光誘致

1　求められる外国人観光客の温泉観光誘致

日本各地は，温泉を地域振興の要としている。それらの地域では，温泉旅館経営の岐路にさしかかっているように思える。経営およびCS分析をしていくと，いくつかの要因がみえてくる。古くなった旅館の建て替え，セキュリティ問題，新しい温泉法に対応できる機器の導入，メンテナンス等々からくる資金問題，地域の過疎化や高齢化の現状から派生している良質な従業員不足の問題，温泉旅館の経営者子弟の少子化・高学歴，大都市定着などから生ずる後継者問題などを内在する3つの問題としてあげることができる。当然，これ以外にも内在する問題は存在しているが，その率は高くはない。

一方，温泉を基盤産業とする地域は，外的な要因として同じ温泉郷でのビジネス競争や他の温泉地との顧客獲得合戦を強いられている。また，地方中都市で展開する深度掘削による冷泉・わかし湯の市街地スパが，手軽さから住民の気持ちを引き付けつつある。これらの状況から，温泉地は従来とは指向を変えて，日帰り客をターゲットとする旅館が増加してきている。

このような状況下で各温泉地は，大半を占める圏域内の温泉客に留まらず，人口集中の大都市部からの誘客の獲得を狙っている。また，増加しつつある台湾，香港，韓国，タイやその他アジア諸国からの観光客の温泉利用率を高めるために，中国語やハングルの観光パンフレットや温泉の諸案内の作成を進めている。ここで，諸外国の温泉に対する考え方を瞥見し，とくに，戦前・戦後から経済の先進国として長い間，訪日外国人数の首位を保ってきた米国人の日本観光への認識を確認するとともに，彼等の温泉利用と温泉知識を掌握し，米国市場における日本的な温泉旅館ビジネスの可能性を検討してみよう。

2　各国の温泉とその利用方法

(1) 日本の温泉

日本は火山が多いために火山性の温泉が多く分類も多様で，温泉地にまつわる伝説・神話などが多く言い伝えられている。また，発見の古い温泉では，その利用の歴史もかなり古く，720年完成の『日本書記』に，禊の神事や天皇の行幸などでの使用が記述されている。玉造温泉，有馬温泉，道後温泉，白浜温泉，秋保温泉（名取の御湯）などの名が『拾遺集』『大和物語』に残されている（皇室が選ぶ日本の名湯９ヶ所の中に，信濃・名取・犬養の三温泉だけが「御湯」という称号がついている）。江戸時代になると，貝原益軒等により温泉療法に関する書物や温泉図鑑といった温泉地の案内図が刊行されて，温泉は戦国時代の戦傷者のための隠し湯的な存在から，一般庶民に親しまれるようになってきたのである。

この時代は一般庶民が入浴する雑湯と幕吏・代官・藩主役人が入浴する殿様湯（かぎ湯）が区別され，それぞれ「町人湯」，「さむらい湯」と呼ばれていた。各藩では湯役所をつくり，湯奉行，湯別当などを置いて，湯税の徴収や管理を行っていた。これは現在の入湯税にあたるものである。江戸時代には温泉文化が花開いた。庶民は温泉地に赴き，季節湯治で疲労回復と健康促進を図った。温泉の特性を活かした湯治習慣が形式化されたのもこの時代である。江戸の温泉文化から生み出された砂湯，蒸し湯，打たせ湯，合わせ湯などは，現在に受け継がれている。

明治時代になると温泉の科学的研究も次第に盛んになり，昭和以降は研究者により温泉医学及び分析化学が促進されて，温泉のもつ医療効果が実証され，温泉の利用者が増加するようになった。

(2) 欧州の温泉

欧州の温泉利用を考察していくと，その起源は，古代ローマ時代までさかのぼり，市民と温泉の密着がうかがえる。また，温泉は，入浴だけでなくひとつの社交の場という大きな意味合いを含んでいた。この時代，古代ギリシャの男性専用のギムナシウム（兵士に訓練施設を兼ねた浴場施設）といわれるものから，女性の入浴施設をもつテルマエと呼ばれる総合レジャーランドを兼ねた健康ランド型のカラカラ浴場のような大型共同浴場がつくられる。

しかし，ローマ帝国の滅亡とともに，これらの温泉施設は消え行くのであった。その理由として，それらを維持する巨大な富と権力背景を維持するものがいなかったことと，支配地域を拡大したキリスト教による弾圧があったといわれている。近世になり地中海沿岸（アフリカ北部）やアラビア半島（中近東）から欧州の温泉文化が逆輸入された形となっている。

日本の温泉は，入浴本位で発展した。これに対して，近代欧州の温泉は，飲用，蒸気吸引，泥パックなどを主に，日光浴や森林浴や欧州独特の空気浴を加えた保養地として発達した。日光浴は，太陽光を身体に受けることにより，リラックス感の感受や肌を焼くため，さらに，医療行為としての目的をもっている。また，日光浴は，ビタミンＤの摂取，新陳代謝や体温調節といった機能の活性化，脳の活動を誘発した体内時計の調整などに効果があるといわれている。

森林浴は，緑生自然の大気中から受ける新鮮な酸素やオゾン効果から心身のリフレッシュにも活用されている。空気浴（特定の空気環境中に体表を露出してあるいは部分的に露出して，体表を直接周囲の空気に接触させ，空気の物理的特性や化学的成分を利用して，身体を鍛錬し疾病の予防をするひとつの方法である）は，新鮮・浄潔な空気環境が必要なために，海辺，川辺，森林，田園，山村などで体表皮の乾燥を主目的に行われている。すべてこれらは，温泉の特色を活かした療養などと補完関係をなし，総体的にサナトリウムのような形態をなしている。

温泉活用の古い歴史を持つ欧州では，温泉は，医療行為の一環として位置づけられている。欧州の温泉で広く知られる有名な所としては，アイスランドの「ブルーラグーン，ランドマンナロイガル」，イギリスの「バース」，イタリアの「イスキア島」，ドイツの「バーデンバーデン，エアディング，シュヴァンガウ，ヴィースバーデン」，フランスの「エクスレバン」，スイスの「バーデン，バートラガッツ」，ベルギーの「スパ」，チェコの「カルロヴィ・ヴァリ」，ハンガリーの「ブダペスト」が上げられる。なかには観光地としての方が有名になった所もある。

(3) 米国の温泉

アメリカでも温泉療法を行った記録がある。しかし，現在では，温泉療法は医学の外に置かれ，健康づくりやレクレーションに使われるようになっている。

アメリカの代表的なものとして，ロッキー山脈付近のアーカンソー州ホットスプリングス国立公園がある。ここでは，温泉集落を形成して野外レクリエーションとしての釣り，ハンティング，ボート遊びなど文化娯楽施設としての劇場，映画などからなる欧州型の社交場をめざしている。レクリエーション型のイエローストーン（ワイオミング州）は，1872 年に世界最初の国立公園となった所である。四国の半分ほどの面積におりなすいろいろな自然景観の中に，3 千の源泉と 2 百近くの間欠泉があり，熱水現象の見学施設であるオールドフェイスフルビレッジで，高さが 40 〜 60m に達する間歇泉は有名である。この公園には，各地から年間に 3 百万人の観光客が訪れている。

その他にもアメリカには，規模の差異はあるが驚くほど多くの温泉がある。カナダを含め北米では温泉が体に効くというメディカル効果を表示することは「薬事衛生法」で禁止されている。しかし，先住民の温泉効果の言い伝えを語ることや，入浴客自らの効能喧伝は自由である。実情として，アメリカでは温泉を温水プール代わりに使用している以外は有効利用の方法をもたず，ほとんどが手付かずの放置状態となっていて，雄大な自然の中の温泉での転地効果から生み出されるリフレッシュが目的となっている。また，若者にとっては緯度と経度の記された温泉探しは，新しいアドベンチャーとなっている。これが欧州とも違う米国的温泉の現在の姿である。

(4) 温泉旅館とスパ（Spa）の相違

温泉旅館とは，温泉浴場を備えた旅館である。江戸末期の 1860 年代までのほとんどの温泉地では，湯治客は共同浴場，いわゆる外湯で入浴し，旅館は宿泊させるのみの自炊旅館であった。明治以後の私有財産制の下で，新しい温泉が開発され，内湯を設けることが可能となり温泉旅館となったのである。温泉旅館は，観光客のニーズにあわせて，それぞれユニークな大浴場や露天風呂やアメニティ施設などをつくり，多様化されてきた利用者に対応をしながら，経営の安定を図っている。また，21 世紀には急増するアジア人観光客の受入に向けた方法を模索している。近年の旅館の大きな変貌として日帰り温泉客の受入，泊食分離，地産地食などを試みて，他の旅館との差別化に努力している。

近年，癒しやリラクゼーションの流行にともない，日本でもスパの存在が増えつつある。デストネーション・スパ（destination spa）は，健康増進，美容，生活習慣の変革，精神の鼓舞を目的とする健康関連施設からなるリゾート業態である。健康，美容関係のハードウエアに加えて健康増進，美容，痩身などの各種の充実したプログラムから低カロリー食にいたるまで，総合的な健康・美容サービスを提供する。場所によってはゴルフ場や会議場施設を併設した大規模なスパ施設も珍しくない。これは，1970 年代にアメリカで生まれ，健康ブーム，自然志向に呼応して急成長した業態であり，スパ・リゾート（spa resort）もしくは単なるスパと呼ばれることもある。大規模リゾートの付帯施設としてのスパを区別するため，正式にはアメニティ・スパ（amenity spa）と呼んでいる。

この温泉旅館とスパ（Spa）を比較すると，歴史，伝統，文化を踏まえたものが温泉旅館であり，近代科学社会から派生してきた合理的な温泉がスパである。また，温泉旅館に滞在する客と，スパに滞在する客との間に，面白い相違点をみることができる。前者は，旅館に滞在する期間はすべてにおいて，最高のもてなしとサービスを甘受したいという傾向があり，後者の方は活動する目的をもっていて行動的である。比較すると受動的と能動的，静と動といった表現ができる。また，これもその時の社会情勢やライフスタイルによっても変わってくることも考えられる。

(5)「もてなし」と「ホスピタリティ」

「もてなし」と「ホスピタリティ」は，同意語ではあるが，大きなニュアンスの違いがある。元来，「もてなし」という言葉は，日本の温泉文化と地域の温情が融合したうえで，旅人や温泉客を迎える諸儀や所作といってよいであろう。ここに派生する心からの厚意が，「もてなし」という形で表現されている。「ホスピタリティ」（訳：他者を歓待しもてなすことを意味するという抽象的な概念である）という西洋的な繕いには，ビジネスを背景に感じてしまい，この二つにはウエットとドライという同系異質の色彩がある。アジアと欧米の経済大国として，何かにつけて比較される日本と米国ではあるが，理解しているようで異なった方向を向いている感性に共通点がある。

一般の米国人は，以前のように日本の技術や工業力に魅力や期待を持っていないようである。どちらかというと，米国人は，第二次世界大戦以前の昔にタイムスリップしたかのように，日本にノスタルジアを求める傾向にある。

また，とくに若い米国人の温泉，芸者というイメージは，最近の映画等から吸収している部分が多く，「ラストサムライ」や「メモリーオブア芸者」（さゆり）などからの情報で，日本の情緒・情景，着物文化を想像していると考えられる。同じ湯で皆が温まるというところから，相手に敬意をはらい調和を重んじるというところに「もてなし」がみえてくるはずである。今後，温泉文化を通して日本人のこころを伝える必要がある。そして，米国民はじめ諸外国の訪日者に，正しい日本文化を幅広く理解してもらうためにも，日本の温泉観光への誘いは意義深いことと思われる。

3　認知度が低い日本の温泉

日本の温泉について，米国においてアンケートを実施した。調査の有効回答数は，デラウエア州，ニューヨーク州，ワシントン州の 284 名の協力者から得ることができた。また，一番回答が欲しかったアンケート調査の項目 1. と項目 2. の日本の温泉に対する知識「温泉を知っていますか」，「日本の温泉がど

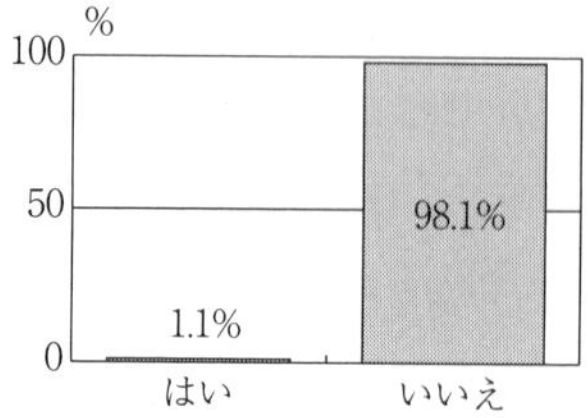

温泉を知っていますか

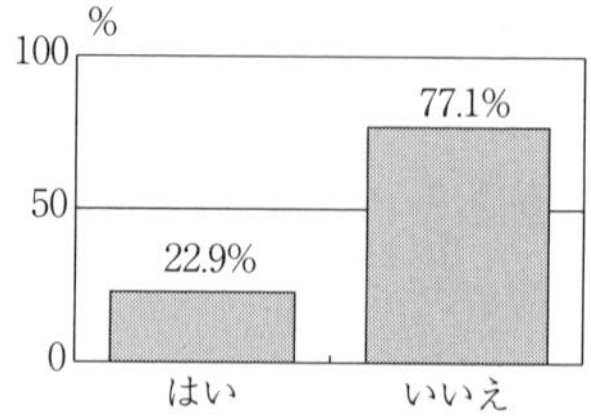

HS を知っていますか

のようなものか知っています（簡単な説明付）」は，アンケート用紙に添付した日本の温泉の説明書を読む前に回答をしてもらうように，お願いをした。ここに記載はしなかったが，二つの回答（項目 1 と 2）は同じであった。

米国民に日本の温泉（ONSEN）とホットスプリング（HS）の認識度を確認することができた。今までわれわれが意識してきた以上に，日本の温泉に対する米国人の知識は低く，一部の日本通を除くとそれは皆無という状況にあった。

温泉やホットスプリングへ行く目的性には，リゾートをするという共通した意識が存在している。また，米国人のホットスプリングに対する認識度は，地域によっても異なるが，差異は大きい。

また，米国人のホットスプリングに対する認識度は，行動的なアウトドアー派や一部のキャンパー以外にとっては，自然環境の中にある大型の温水プールをイメージする程度のものとなっている。日本人からみて，近いと思っていた日本の温泉の米国市場は，意外なほどの距離があったことを痛感させられている。一方，日本の伝統・文化には興味をもっていることが窺え，今後の米国に向けた日本の観光インバウンド対策に繋げて行きたいものである。

4　必要な日本温泉文化の情報発信

米国人の大半は，日本の温泉の説明を聞いても，内在的に温泉をホットスプリング，温泉旅館をスパと同次元の単なるお湯という液体を媒体としたリゾートであるという解釈の域に留まってしまう懸念がある。これは，欧州諸国が温

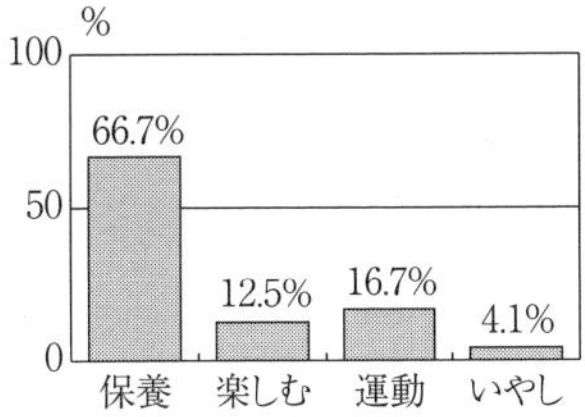

なぜHSに行きますか

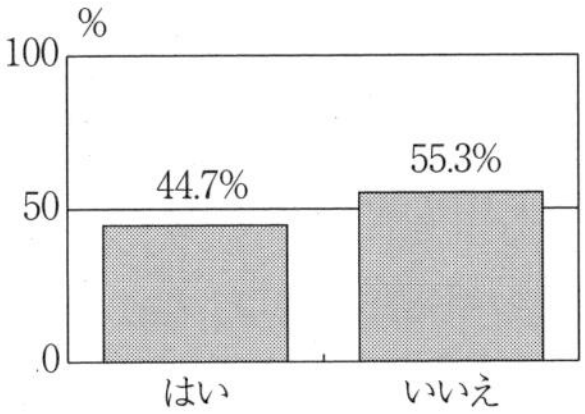

日本に行きたいですか

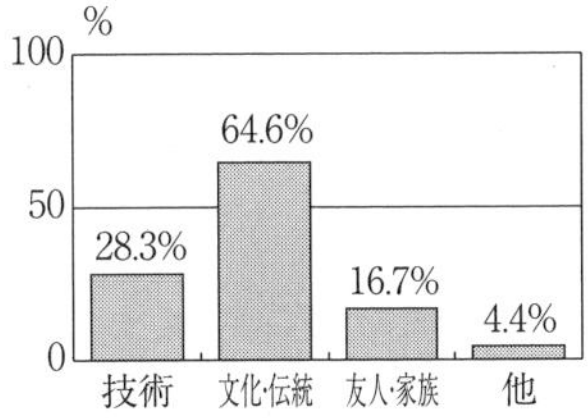

日本に行くなら何に興味がありますか

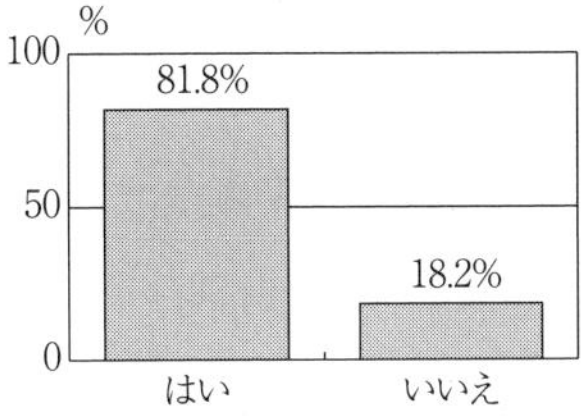

日本に行ったら温泉に行きますか

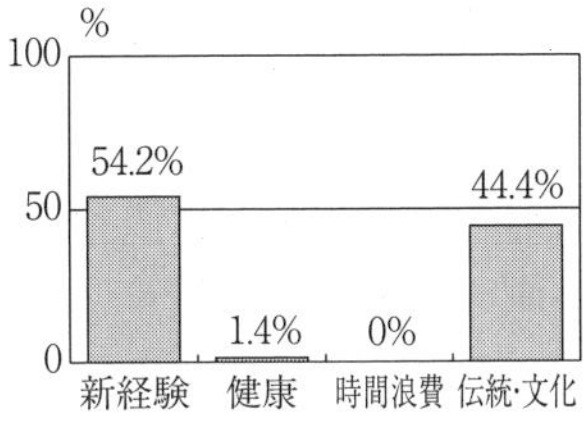

温泉に行くとしたらどうして

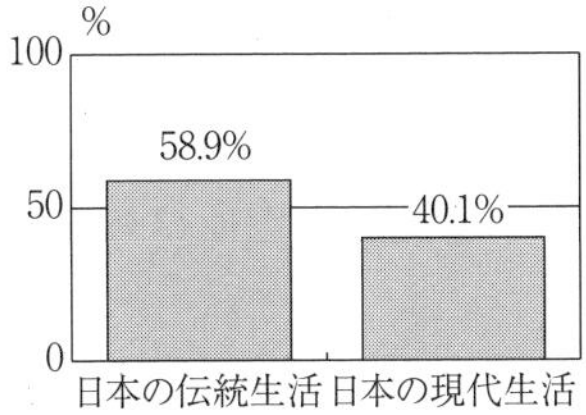

どちらの経験をしたいか

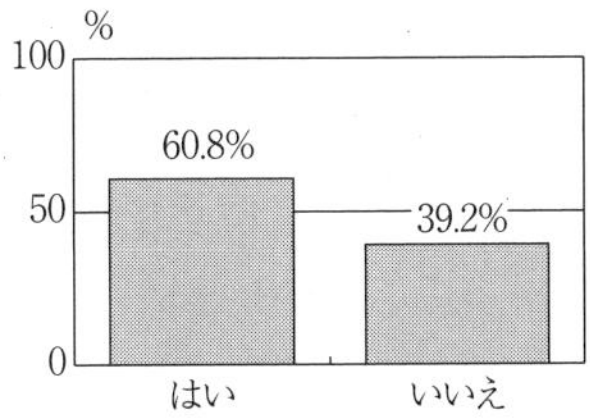

日本食は好きですか

泉に関ってきた長い歴史の中での理解とは異なっている。

米国で販売している温泉に関する書籍は数多いが，温泉のハード部分や外観の景観部分のものが多く，温泉旅館の文化・伝統の範疇にある“もてなし”部分からなる湯・宿・食の魅力的なソフトの紹介は充分ではない。これらの温泉の魅力が米国人に伝わらない限り，日本への温泉観光は浸透，普及しないと思われる。日本料理の書籍の質量と比べると歴然としている。もう一つ，温泉による治療や療養効果よりも，温泉水を介した間接的な感染があるのではないかという先入観が，他人との共同入浴を拒む大きな原因にもなっている。米国人にとって浴槽は身体を洗う場所であって，日本人のようにゆっくり入浴を楽しむ所という意識はないのである。今後，温泉観光振興の面で，日本の温泉文化についての理解とその方策が大きな課題となる。

訪日外国人観光客の周遊する都市及び地域は，国籍の違いにより多少のパターンがあるものの，一般的には共通したものとなっている。また，トランジット旅行者でないリピーター観光客になると，本人の興味や思いなどの志向性を優先して，交通アクセスの不都合をものともせず観光行動をとる旅行者も顕著になってきている。

温泉を地元経済の基盤産業としている地域では，将来を見据えて日本人だけでなく外国人観光客を視野に入れている。当該地域では，台湾・香港・韓国・他アジア諸国からの温泉利用客を徐々にではあるが伸ばしつつある。本論では，米国における日本独特の温泉への興味及び理解と市場としての温泉の可能性を確認した。国の観光施策のひとつとして，ビジットジャパンキャンペーンが展開されており，今後の対外的観光政策として，外国人観光客へのインバウンドの目玉商品として，温泉文化を広く情報発信することが求められる。

注

(1) 広辞苑には政策＝policyとあり，websterのpolicyの項には「政策とはある行為の明確な方向あるいはとられ方である。それは，いくつかの代替案から選択されたものであり，かつ，現在及び将来の決定の方向付け，また，それを規定する所存の（あらかじめ与えられた）条件に照らして選択されたものである」とある。

(2)　D. イーストン（山川訳）『政治体系』ペリカン社　1971 年
山川雄己『政治学概論』有斐閣　1986 年　第 3 章

(3)　Garry Brewer and Peter Deleon, *The Foundation of Policy Analysis*, Homewood, Dorsey, 1983.

(4)　岡義達「権力の循環と象徴の選択」『国家学会雑誌』第 66 巻　第 2 号　1953 年

第３章　観光の時代要求と余暇施設の変容
—東北のテーマパークを事例に—

第１節　日本の社会的視点でみるテーマパーク

バブル経済崩壊後，日本におけるいろいろな価値観および日本人の志向等がかなり多様になってきている。右肩上がりだった日本経済の背景の下で育成されてきた今までの日本人の一方向性の強い感性からみれば，これ自体は国民が個性豊かになったとことの証しであるとも思え，喜ばしいことともいえる。

しかし，昨今のように日々の家庭経済の状況が緊迫していく中で，趣味，娯楽，レクリエーションといった余暇活動と思われている経費に費やされる支出は，極力押さえられる傾向にある。また，一方では，このような社会情勢が故に健全な社会生活を送るためにも，この方面の支出は欠かせないと言い切る向きも多く存在している。

今回，幅広い年齢層の余暇利用客をもつ東北における唯一の全国区テーマパークとしての歴史をつくり話題性を持ち続ける「スパリゾートハワイアンズ」(旧：常磐ハワイアンセンター) にスポットを当て，地域におけるテーマパーク事業の発足の諸背景や地域住民との関わり方を研究，検証を行っていく。また，生じてきた成果からテーマパーク事業の本質，必要性等を現在の成熟期を過ぎてしまった日本の社会的視点で論ずる。さらに，これらの今後も強いられて行くであろう企業形態の変容に対応する経営の方法などに触れた上で，われわれの生活と余暇のスタンスを検証してみる。

第２節　テーマパークと余暇

1　日本におけるテーマパークとは

テーマパークはアメリカから輸入されてきたものとされており，通産省の「平成13年度特定サービス産業実態調査」で使われているテーマパークの定義によると，「入場料をとり，特定のテーマのもとに施設全体の環境づくりを行い，テーマに関するアトラクションを有し，パレードやイベントなどのソフトを取り込んで，空間全体を演出して娯楽を提供する施設づくりがされている遊園地，レジャー施設」と定義されている。また，『観光学辞典』(同文舘) では，「特定のテーマによる非日常的な空間の創造を目的として，施設・運営がそのテーマ基づいて統一かつ排他的に行われているアミューズメント・パークである」といっている。

世界で初めてのテーマパークは1843年にデンマークの首都コペンハーゲンに建設された「チボリ公園」といわれている。一方，日本では，大阪万博が1970 (昭和45) 年3月から9月までの約半年間開催され，総入場者数は6400万人を数え，実に日本国民の約6割が足を運んだという計算になる。その会場は「人類の進歩と調和」という統一テーマのもとに，各国・各企業がパビリオンを設置し，いろいろな意味での競い合いが行われた。ここで注目すべきは，万博には会場に一貫したテーマがあり，各パビリオンはその中でより小さいテーマで展示を行なっているということである。

1939年に米国で開催されたシカゴ万博から統一テーマが掲げられており，大阪万博もこれに倣っている。これは，日本人の意識の中に，「一貫したテーマを持った娯楽施設」という意識を植え付ける大きなキッカケとなったのである。大阪万博により，人々は「生活を楽しむ」ことに関心をもつようになり，レジャーブームは半ば必然的に発生した。当初は，大阪万博の遊園地施設を利用したエキスポランド (1972年開業) など，博覧会跡地利用による遊園地開発の時代であったが，80年代に入ると，国民の余暇活動へのニーズは一層高まりを見せた。

こうした需要は,「モノの豊かさ」から「心の豊かさ」への変遷の指標であり,日本が外国にも誇れるテーマパークの草分け的存在である東京ディズニーランド(TDL)の開業へとつながっていったのである。こうした国民の余暇活動の高まりとともに,バブル期であった日本ではテーマパークが次々と誕生していったのである。周知の如く,近年では大阪のユニバーサルスタジオジャパンが記憶に新しい。

2 余暇の語源と認識

「余暇」という言葉は,もともと漢語として11世紀に日本に入ってきて,14世紀の『太平記』に登場している。しかし,その後の歴史の中で一般的に使われることは少なかった。戦後の昭和30年代後半,米国から「レジャー(leisure)」という言葉が入ってきて,その日本語訳として一部の社会学者が「余暇」を当てたことによって,マスコミも使うようになった。岩波書店の『広辞苑』によると「余暇」とは,「自分の自由に使える余った暇,いとま」とある。また,『観光学辞典』(同文舘)では,「1日の生活時間のうち,睡眠や食事といった生理的に必要な時間や労働・家事などの拘束時間以外の,個人的に自由にできる時間」となっている。余暇事業は,20世紀から21世紀への間に大きな変容と成長を遂げてきた。それは,余暇というものに対しての重要性が広く大衆に認識されたこと,社会情勢の変化ということが大きな原因にあげられる。1950年代後半,フランスの国立工芸大学のJ.フラスティエは,人間の生活の大部分が余暇になってきたので「余暇の選択が人生そのものの選択になる」と指摘している。

しかし,そうした世界的な余暇への欲求の高まりの中でわが国の余暇への欲求の目覚めは,他の先進国に比べ遅れをとってきた。それは戦後,高度経済成長の中で国民は勤労を尊び,余暇活動を考える余裕もないまま過ごしてきたということでもある。しかし,いま経済力熟成期となり,多様な社会問題の解決策のひとつとして余暇に期待が増大している。

3　社会変容と時代呼称

われわれのたどってきた社会生活の歴史スパンを例えるなら，20 世紀は労働の世紀であり，21 世紀は余暇の世紀になるということは間違いないであろう。それを考えると，日本でも「余暇の選択が人生そのものの選択になる」といわれる時代がついに来たといっても過言ではないだろう。そして，日本ではこれから構造のシステムだけでなく思考的なものまで，さらに高齢化社会から超高齢社会に突入していく。そうした社会の中で精神的余裕，経済的余裕，時間的余裕をもった高齢者が多くなり，こうした人たちの余暇の過ごし方を考えるということは，ひとつの社会的使命といっても過言ではない。当然，将来における年金などの厳しい生活にかかわる問題等を忘れているわけではない。

現在，日本において労働者年齢層として一般的な生活を送っている国民は，少子化が進んでしまった状況下で若年層が将来の日本を支えて行くという，今までの経験では計ることのできない未来を迎えようとしているために，かなりの不安をもっていることが想像できる。また，こういう時期だからこそ，しっかりとした経済基盤のもとに，人生プランを立て，悔いのない人生を送れるようにと願うものである。

4　余暇と経済的貯蓄

わが国で余暇に対する欲求が高まりを見せてきたのは 1960 年代前半であり，その背景には大きな原因が３つある。ひとつ目は，オートメーション化に代表される高度技術が生産現場に入ってきて，国の労働生産性が急に高まってきたということ。２つ目は，休日も取らずに働いてきた結果，国の経済成長と社会基盤整備が進み，国民に精神的ゆとりが欲しくなってきたということ。３つ目は，国民に経済的蓄積ができるとともに働くばかりが能でなく，欧米先進国並に少しはゆっくりと休みたい，遊びたいという余暇意識が高まってきたということであった。また，これに伴い，労働時間の短縮が労動組合から賃上げとともに要求されるようになり，経営者も質のよい労働力を維持するには，休日を増やしていかなければならないという考え方からその取り組みをはじめた。労働時間短縮によって，余暇時間はこの時期に急速に延びた。そして，1980年代には「過労死」という言葉が社会に蔓延し，余暇の大切さやゆとりの必要性が叫ばれた。その影響もあってか，その頃と同時期にさまざまなところで完全週休2日制が実施され，たくさんの人たちがいろいろな形の「余暇」チャンスを手に入れた。この頃から余暇の過ごし方というものについて各方面で考えられるようになってきた。

ここで，余暇にかかわるデータ収集として，2006年6月に宮城県の大学生の家族，親類，他などに協力を得て収集したアンケートの回答に分析を加えながら，いくつか簡単に紹介をしてみる。データはあくまで東北住居地域者（県庁所在地在住99人，県庁所在地以外の市在住35人，町村在住28人の計162人）のアンケート回答となっているため，居住地域の諸差が現れ実証性を欠くことも考えられるので参考程度とする。

《アンケートの質問事項》

アンケートの回答者家族の家長夫婦年齢は40歳後半から60歳前半で，家族の平均構成人数は4.7人となっている。

①家族の余暇費用は生活をする上で必要なものですか。

はい（条件付を含め）……71%，いいえ……16%，わからない……13%

②家族の余暇費用は貯めていますか。

計画的に貯めている……33%，出来る時に貯めている……46%，
貯めていない……21%

③家族の年間余暇費用額はどのくらいですか。

5万円以下……14.8%，5～10万円以内……39.5%，10～15万円以内……23.5%，
15～20万円以内……9.9%，20～25万円以内……6.2%，25～30万円以内……3.7%，
30～40万円以内……1.2%，40万円以上……1.2%

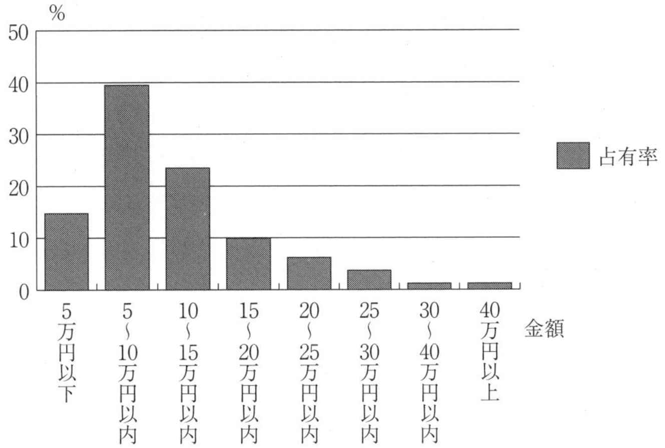

図 3-1　年間の家族の余暇費用（東北住民地域者対象）

④家族の余暇行動の行使状況

毎年……24.7％，複数（2 〜 3）年毎……40.7％，家族の記念時……7.4％，思いつきで……27.2％

＊余暇費用額が少ない家族ほど蓄積して使うというコメントが多い。

⑤家族での余暇の過ごし方を決定するのは誰ですか。

父親……45.7%，　母親……43.2%，　子供……9.9%，　祖父母……1.2%

⑥余暇費用の預金口座は，一般金融機関か郵便貯金ですか。

一般金融機関……87％（郡部では郵便貯金の占有率が上がる）

⑦同じ情況であったら，一般金融機関預金と郵便貯金のどちらを余暇費用に使いますか。（地域に双方の機関がある場合において）

一般金融機関……66.7％，郵便貯金……4.5％，わからない……28.8％

＊同上質問の「どうしてそうしますか」という記述回答では，郵便貯金は生活のため残すという生活経済密着型のコメントが多かった。

⑧将来に郵便預金が民営化となった時，口座をどうしますか。

増やす……16％（単に増やすが 0％，サービス，利便性次第で増やすが 16％），同じ……32.8％，　閉める……25.2%，　わからない……26％

第3節　スパリゾートハワイアンズ概要

1　スパリゾートハワイアンズのルーツ

1883（明治16）年，浅野総一郎氏を社長とする常磐炭鉱株式会社が設立された。国づくりを推し進める日本において製鉄や電力生産などは最重要項目であり，それを生産するのに欠かせない石炭採掘は政策に関わるものとなる。その後，戦時中の強制出炭から戦後の混乱期を経て，朝鮮動乱時代に石炭隆盛の時を迎えたのである。その背景で福島県の太平洋に面するいわき市は，石炭産業と温泉旅館街とが地域振興のために共に助け合うという恵まれた協力体制のなかで自治体としての基礎を築き上げていった。しかし，時代の移り変わりとしてエネルギー革命の進行は，採炭会社の経営の基盤を揺さぶり，ついには採炭事業の存立を許さないまでに環境が悪化していくのであった。採炭会社の撤退は，共存関係にあった湯本温泉旅館街の衰退につながり，これを統轄するいわき市の自治体としての存続をも脅かすような深刻な状況になっていった。また，常磐炭鉱という企業に依存していた従業員および家族の生活を守り，地域社会の経済維持を図るためにも石炭業界の新規事業の立ち上げは，まさに地元の官民あげての急務であり，今後の日本の採炭会社・石炭業界の将来展望でもあった。

そのような状況下，当時，常磐炭鉱株式会社の副社長であった中村豊氏が立ち上がり，解決を温泉水の活用に求め，本業の石炭の採掘会社から異例な観光事業へと転向を図ったのである。通常この炭鉱では，石炭1トンを掘るのに40トンの温泉水を汲み上げなければならず，温泉の湧水は採炭作業の一番の邪魔者であり，これを利用したビジネスを構想するということは誰も想像しなかった。まさに，逆転の発想により常磐ハワイアンセンターが産声を上げたのである。この起業にあたり，会社は炭鉱従業員を約600名雇用して，直接的な諸効果を生み出したばかりでなく，湯本温泉旅館街に波及効果として多数の客を招き入れ，地域社会のにぎわいを増進させたのである。かつて湯本温泉旅館街は，30 軒足らずの旅館宿泊設備で 200 名程度の客を収容するに過ぎなかったが，今や 60 件に及ぶホテル，旅館の街に拡張され，通常において約 3000 名の客を収容する宿泊設備をもつような街となった。それが，現在のこの地域の諸環境の整備を推し進める原動力となったのであった。中村氏の構想と努力の結果がいかに大きなものであったかは，湯本温泉旅館街の記録，資料などのなかでみただけでも肯けることである。

2　プロを超えたか素人の取り組み

まったくの素人集団が作り上げた常磐ハワイアンセンターであったが，1966（昭和 41）年１月のオープン初日から連日の超満員となり，なんと初年度の入場者数は 100 万人を優に越え，予想以上の経営黒字を計上したのであった。中村氏を筆頭に，従業員やその家族，フラメンコ教師の香取希代子氏などの並々ならぬ努力，また，米国ハワイ州観光局の林田氏や当時の常盤市長・磯野清治氏の協力・熱意により，このレジャー施設は順調なスタートを切ったのである。

「企業繁栄のためには，時代背景と構想目的が一致しなければならない」という基本理念のもと，常磐ハワイアンセンターは世の中の潜在的なニーズに対応した適切なものであったといえる。彼らのフロンティアスピリッツは，その後の施設運営にも大きく反映されている。

オープンして１年半後には熱帯植物園，２ヵ月後に露天岩風呂ナイアガラ，3 年後には金風呂など，次々と打ち出される新企画は当時のマスコミにのり話題性をもって伝達されていった。しかし，大人気だったそれらの施設も，今の時代ニーズから無視されほとんどが別のモノにと生まれ変わってしまっている。顧客の好みや時代の要請に敏感に反応し，素早く対応するスパリゾートハワイアンズの変容の歴史は，挑戦と創造の繰り返しのなかにあるテーマパークの現存する良きサンプルでもある。

当然のように，採炭事業から出発した観光事業のこの素人集団は，試行錯誤を繰り返すうちに顧客本位という術と経営能力を身につけたプロの集団に生まれ変わっていったのであった。そうしたなか，創業以来ずっと変わらずに続いているものがひとつある。それは，日本人のハワイ旅行の夢とともに一時代を風靡した，設立当初から現在に至るまでスパリゾートハワイアンズには欠かすことのできない「ポリネシアンショー」である。オープン初日から 37 年間，一日 2 回のステージは一度も欠かすことなく続けられており，その連続公演数はギネスブックに載る世界記録となっている。そのポリネシアンショーのダンサーたちを育成するために，「常磐音楽舞踊学院」も設立するという大変な熱の入れようであった。また，関係者によりショーの合間をぬって行われるリハーサルでは常に質向上のための修正が加えられ，常に最高の状態でショーに臨むという意気込みが見られ，この努力がポリネシアンショーの国際的な高い評価を支えているものと思われる。さらに，幅広く客の年齢層を受け入れるためにマジックショーや，露天風呂につかりながら楽しめるユニークな発想から影絵ショーなど導入したりして，日々進化を続けている。

最近，ウォーターパークのリニューアルで生まれた「ワイワイ・オハナ」，ハワイをテーマとした複合型商業施設「アロハタウン」，そして，映画「フラガール」のモデルとなった炭鉱の町いわきとフラガールの生まれや背景を紹介する「フラ・ミュージアム」などが相次いで完成した。これが，三世代のファミリーが楽しめるリゾート空間となっている。

3　社会構造の変化と企業対応

1966（昭和 41）年に，常磐炭鉱の地下湧水の温泉を利用して「夢の島ハワイ」をイメージした，日本初のリゾート施設。日本初の温泉テーマパークとしてオープンし，時代願望のテーマパークにおけるパイオニア的存在となった「常磐ハワイアンセンター」ではあるが，38 年間という歴史の全てが経営的に順風満帆だったわけではなかった。入場者数が 155 万人を記録した 1970 年には，親会社だった常磐炭鉱を吸収合併したことから炭坑の負債を肩代わりしなくてはならなくなった。また，第 1 次オイルショックの石油価格の高騰による予想外の支出から設備投資も見送らざるを得なくなり，右肩上がりできた企業成長も一時的にストップを余儀なくされたのである。

しかし，炭鉱の後始末が終わった1983（昭和58）年頃から設備投資が再び可能になり，1984年にホテル中央館，1986年にはウォータースライダーが完成。さらにブライダル事業にも進出，1998年には常磐自動車道が開通し，関東圏および東海地方からの客足も徐々に回復してくる。そして，1990年には慣れ親しまれていた「常磐ハワイアンセンター」という名称を改名し，「スパリゾートハワイアンズ」という新たな名称で再スタートを切ったのである。

ところが，新生「スパリゾートハワイアンズ」が最初に遭遇したのは，1991（平成3）年が期といわれている“バブル崩壊”であった。社員旅行などの団体客が激減し，売上げは急降下をして経営の見直しを迫られるなか，現場責任者となったのが代表取締役社長の斎藤一彦氏である。彼は，それまでの経験を元に行われていた戦略を全て数値に置き換え，問題点を明らかにするという方法を選択したのであった。結果，それぞれの部門の損益や，問題点が明確になり戦略が立てやすくなったのである。

そこで生まれた新企画のひとつは，送迎バスを宿泊客向けに東京と埼玉から毎日運行，そして平日に利用すれば１泊２食付きでもJRの往復運賃以下のリーズナブルな価格とし，これを目玉商品として売り出したのである。利用者は平日でも常に200～300人を数え，週末には500人を超える大ヒットの企画商品となった。さらに，インターネットでの申し込みによる割引制度などでも誘客に効果を上げてきている。また，企業体として事業分業に取り組んだり，効率性を求め本社所在地を東京都中央区からいわき市に移転したりと，社会の構造変化の対応に臨んでいる。

4　軌跡表（スパリゾートハワイアンズ）

1965（昭和40）年 …「常磐音楽舞踊学院」設立

1966（昭和41）年 …「常磐ハワイアンセンター」オープン，「観光ホテル」

オープン，「レストハウス」オープン
1967（昭和42）年 … 熱帯植物園「バナナ園」オープン，露天岩風呂「ナイアガラ風呂」オープン
1968（昭和43）年 … 北茨城市磯原町に「山海館」オープン
1970（昭和45）年 …「金風呂」オープン，年間来場者数が155万人を突破
1978（昭和53）年 … 国内初「屋内流れるプール」オープン
1984（昭和59）年 …「ホテル中央館」オープン
1985（昭和60）年 …「わんぱくプール」オープン
1986（昭和61）年 … コンベンションホール「ラピータ」オープン，聖スパークヒル教会献堂「ワンダーホルン」オープン
1987（昭和62）年 …「ワンダーリバー」オープン
1988（昭和63）年 …「ホテル南2号館」オープン
1989（平成元）年 … オフィシャルゴルフコースとして「クレストヒルズゴルフ倶楽部」オープン
1990（平成2）年 …「スプリングパーク」オープン，「常磐ハワイアンセンター」から「スパリゾートハワイアンズ」へ変更
1992（平成4）年 … 札幌駅北口に本土から一番近いホテルとして「ホテルクレス札幌」オープン
1994（平成6）年 …「ホテル南3号館」オープン，「ウォーターパーク」リニューアルオープン，「ワンダーブラック」オープン
1997（平成9）年 … 日本一の大露天風呂「江戸情話“与市”」オープン
1999（平成11）年 …「ウイルポート」オープン
2001（平成13）年 …「スパガーデンパレオ」オープン
2002（平成14）年 … 常磐ハワイアンセンターオープンからの入場者数が延4,500万人突破（5年連続，年間入場者が対前年度増を記録）
2003（平成15）年 … 本社所在地を東京都中央区からいわき市に移転
2004（平成16）年 … 常磐音楽舞踏学院東京公演（40周年記念），ISO9001認

証取得（品質マネジメントシステム国際規格）大規模レジャー施設としては，全国初の認証取得

2006（平成18）年 … 創業以来の累計入場者数が5,000万人に達する

2007（平成19）年 … 新テーマ型プールゾーン「ワイワイ・オハナ」オープン，ハワイをテーマとした複合型商業施設「アロハタウン」オープン，フラダンスの殿堂「フラ・ミュージアム」オープン

5　スパリゾートハワイアンズの経営の現状

近年ではテレビ番組の中で放送されたり，日経ホーム出版社発行の『日経トレンディ』5月号において「温泉テーマパークランキング」で全国規模施設の中から総合１位を獲得するなど，マスコミにも大きく取り上げられ，幅広い年齢層から注目を集めている。実際，毎年多くの来場者を記録しており，2001（平成13）年の12月には，１ヵ月当たりの入場者数が創業以来の最高を記録している。

また，効率的な経営の見直しと営業活動により，2002（平成14）年には５年連続で前年比入場者数増加や他等々の記録を作り，2004（平成16）年に入って6，9月にも月単位の開業以来の最高利用者数という記録も達成している。

2003（平成15）年４月にスタートした新中期経営計画では，資本売却により借入金削減を推進し財務体質の改善に努めるとともに，スパリゾートハワイアンズにおけるソフトの充実を図り，さまざまなイベントを開催するなどの集客PRを展開してきている。このスパリゾートハワイアンズを運営・管理しているのは，常磐興産株式会社（代表取締役社長，斎藤一彦氏）であり観光事業部門，開発事業部門，燃料・商事部門，包装事業部門，PC事業部門の５つを柱とした事業を展開している。しかし，ここ数年はグループの低迷する部門を整理，分社化して事業再編の一策としたスパリゾートハワイアンズをコアとする，ひとつのレジャーリゾート型の観光事業に体裁を整えてきている。

2003（平成 15）年 3 月期の決算における年間売上高は 478 億 36 万円（前期比 3.3%増），営業利益は 28 億 94 百万円（前期比 64.7%増），経常利益は 20 億 98 百万円（前期比 201.3%），当期純利益は 7 億 94 百万円（前期比 37 億 44 百万円増）と非常に好調である。観光事業部門単体で見てみると，ハワイアンズの利用者数は 140 万人（前期比 788 人増），1 人当たりの利用単価は 3,043 円（前期比 8 円，0.2%増）となり，ホテルハワイアンズ，ウィルポート，クレスト館の合計宿泊者数は 34 万 7 千人（前期比 4 千人，1.3%増），1 人当たりの利用単価は 14,988 円（前期比 127 円，0.8%増）といずれも前期を大きく上回っている。

その理由としては，新たな顧客層の開拓，またインターネットや各種情報誌を媒介とした情報提供などによるリピーター層の獲得など積極的な営業活動が，功を奏したといえる。分社化が進んだ 2004（平成 16）年 3 月の決算では，245 億 27 百万円（前期比 36 億 58 百万円，12.9%減）となり経営利益は 14 億 26 百万円（前期比 3 億 1 百万円，26.7%増）となった。

厳しさを強いられるレジャーリゾート業界の中にあって，2004（平成 16）年度は冷夏により屋内施設への人気が集中したことで，新中期経営計画の初年度の大きな目的のひとつに設定していたスパリゾートハワイアンズの年間利用者 145 万人を突破し，最終的に年間利用者数は 145.5 万人（前年比 5.5 万人，3.9%増），1 人当たりの利用単価は 3,031 円（前年比 2 円増）と想像以上の良い結果となった。平成 14 年の社内事業整備計画として，「観光事業への経営資源の集中を行い，新たなマーケットと顧客の創出を図り，収益性の確保とその極大化を図る」と目的を掲げている。スパリゾートハワイアンズを中核として「日本のハワイ」から「世界の温泉娯楽湯」に向けたソフトの充実を図り，さらなる企画イベント等の強化によって，2006（平成 18）年 2 月期には，スパリゾートハワイアンズの創業以来の累計入場者数 5,000 万人を達成した。また，年間入場者は開業以来 2 番目となる 151.1 万人（前期比 5.3 万人，3.6%増）を数えた。2007 年は，常磐ハワイアンセンターをテーマとした映画「フラガール」の効果から入場者数は 154.6 万人（前年比 3.5 万人，2.3%増）と連続して 2 番目となる入場者記録をぬりかえた。主なマーケットとなっている首都圏からの交通の利便性を考慮しての東京・千葉・神奈川からの無料送迎バスサービスは利用者から好評を得ている。また，地域の観光振興策「いわきフラオンパク（温泉博覧会）」の共催が地元リピーターの掘り起こしや首都圏からの新規顧客の開拓へと繋がっていった。2008年3月期には1966（昭和41）年の常磐ハワイアンセンター開業以来の年間最多入場者161.1万人（前期比6.4万人，4.2％増）を記録した。景気が低迷するなか，東京ディズニーランドと同じように良好な経営状況を持続させている。2008年の後半に入り米国のサブプライムローン問題から端を発した世界的な経済危機が迫るなか，スパリゾートハワイアンズの今後の展開と起業精神への期待は大きなものとなっている。

第4節　スパリゾートハワイアンズ現地調査

1　アンケート調査結果分析

こうしたスパリゾートハワイアンズの現状を総括的に分析していくには，文献，パンフレット，インターネットなどからの資料だけではなく，利用者の目線から現場における生の声を直に聞きたいと考え，現地アンケート調査を実施することにした。長引く不況によりテーマパーク事業が低迷しているなか，東北では唯一の高い集客性と独自の経営方針を行っているスパリゾートハワイアンズの実態を知るには，それが最も有効な手段のひとつであると考えたからである。

2008年春のある休日の午後に実施した調査は，館内での混雑を考慮して外回り（出口から駐車場間）における聞き取りアンケートとした。帰り際ということもあり難しい調査となったが，有効回答115を得ることができた。その内訳は，未成年＝12人，20歳代＝19人，30歳代＝19人，40歳代＝14人，50歳代＝16人，60歳代＝16人，70歳代以上＝19人となっている。

(1) 来客の性別と年齢層

性別で見ると，女性が全体の約62％を占めており，男性に比べて圧倒的に多いことがわかる。特に30歳代以上の子供連れの主婦や，60歳代以上の一人客など，地元の人と思われる女性が多く見受けられた。年代別に見てみると，10～70歳代まで，それぞれの年代がほぼ均一な数で訪れている。これは，ハワイアンズの多様な施設やサービスが，広い世代のそれぞれのニーズに対応できている結果といえるのではないかと思われる。また，テーマパークといえば，興味を持ち多くが訪れるのは若い世代だというイメージが強い。

しかし，今回のアンケートでは逆に，一般的にテーマパークとは無縁と考えられている50歳代以上の中高年齢層が多く訪れているという結果が得られた。これは，スパリゾートハワイアンズが，他のテーマパークとは異色な魅力を有

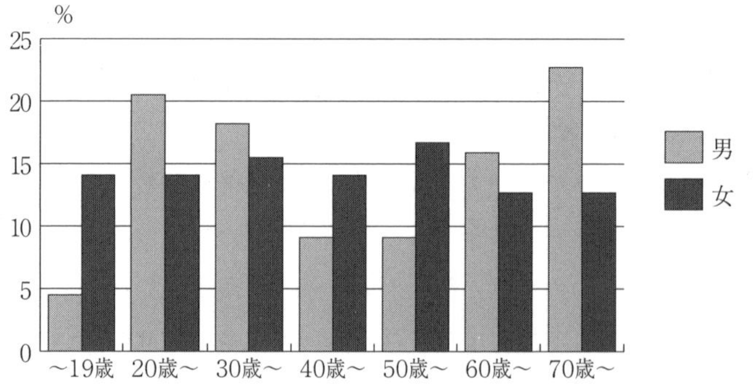

図3-2　来客の性別と年齢層

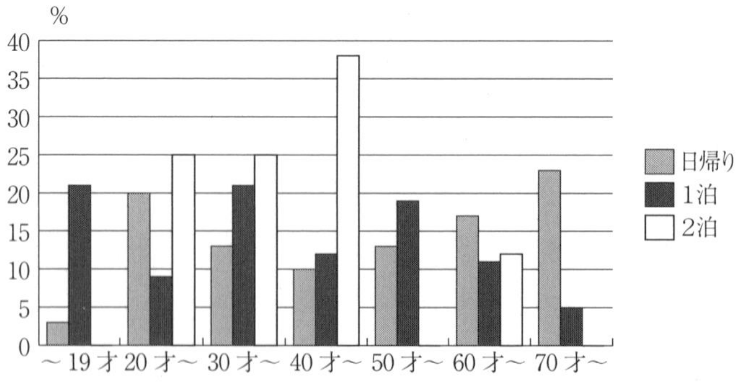

図3-3　滞在期間と年齢層

していためであると断言できる。やはり，スパリゾートハワイアンズの魅力とは，恵まれた水量の温泉に他ならない。

さらに，70歳代以上が19人と年代別に見ても特に多いことは注目すべき点である。これらの人々の中には地元の人が非常に多く，彼らにとってのスパリゾートハワイアンズとは炭鉱時代から共存してきたという連帯感の中に培われた，特別な存在価値があるように思われる。この施設は，県外から訪れる人にとっては温泉リゾートテーマパークであり，地元の人にとっては日常の生活の延長線上にある憩いの場のようなものと，二極化しているということができる。この点も他のテーマパークには見られない大きな魅力となっている特徴である。

(2) 来客地域

次に，「どこから来ましたか？」という質問においては，福島県内からの客が47%，県外からの客が53%とほぼ半々という回答結果になった。細かく見ていくと，県内と答えた人々の多くがいわき市からの客，つまり地元客（いわき市の合併前の旧町名小名浜，山田と答える者）であることがわかり，ここからも地元の人々にスパリゾートハワイアンズの存在が定着していることが伺える。

また，県外からの客は東北地方と関東地方のほぼ全域から訪れており，比較的広い範囲を集客圏内にしていることが計り知れる。しかしながら同時にいえることは，この圏域外のさらなる遠方から足を運ぶ客は少ないということでも

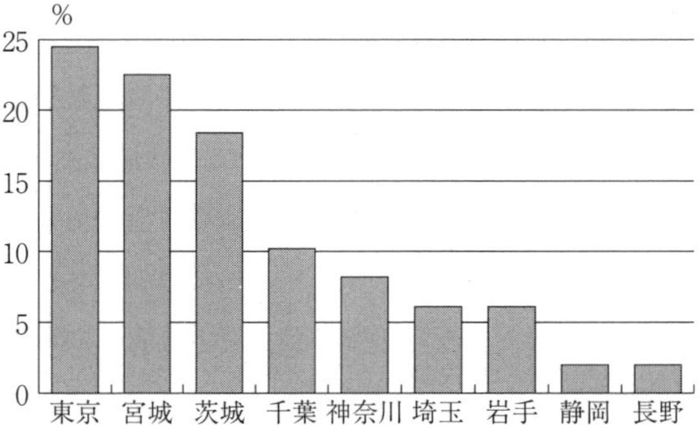

図 3-4　来客の都道府県別（福島県外）

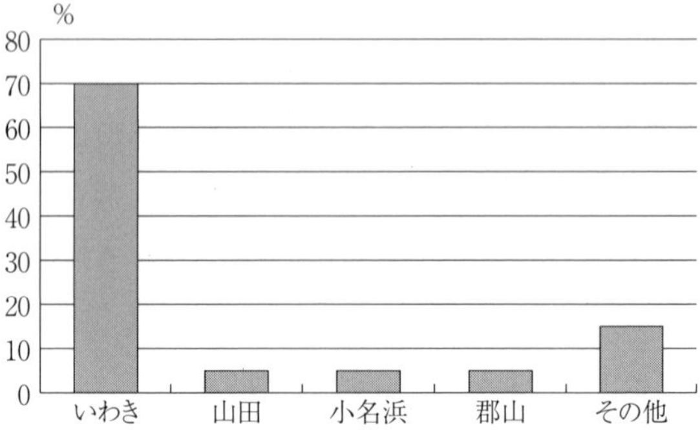

＊ 1966年の市町村合併で山田、小名浜はいわき市となっている

図 3-5　来客の県内地域別

ある。東京からの客が多いのは，路線を増やした首都圏からの無料シャトルバスの運行がその大きな理由のひとつであると考えられる。今後の課題として，中京や関西圏という人口集中地域からの誘客展開がスパリゾートハワイアンズの将来テーマのひとつに上げられてくると思われる。

(3) 情報入手

人々は，スパリゾートハワイアンズの存在を一体どこで，どのような形で知るのであろうか。やはり，最も多いのがテレビ，ラジオ，新聞，雑誌等のマスメディアを介して知ったという回答であり，このような人々が回答全体のほぼ50%を占めている。また，「紹介」されて知ったという人も多く，宣伝広告におけるマスメディアと口コミという２つの媒体の重要性を再確認する結果となった。

さらに，歴史を感じさせるものとして，複数の「昔から知っている」という回答である。ここでも再び，地元の人々にとっては当たり前というような，他のテーマパークでは考えられない地元地域と密着したスパリゾートハワイアンズの特異な存在が感じられる。逆に，極端に少なかったのがインターネットを通じて知ったという回答である。スパリゾートハワイアンズのホームページは，大変充実した見やすい作りとなっているが，すでにその存在は知っており単に周辺情報を収集する目的で使われることが多いようで，初めて知ったというようなきっかけにはなりにくいといえる。

今後，ますますパソコンが普及してインターネットを利用する人の数が増加し続けることは確実である。このような社会情勢の中で，インターネットをこれからはさらに情報発信手段の中心的なものととらえ，他の余暇・リゾート施設とも幅広くリンクしたホームページの構築，提携などの充実を図り，ネット社会をうまく利用した効率的な宣伝活動を行っていく必要がある。

利用者の滞在期間についての回答では，アンケート実施日が平日であったためか日帰り客が最も多く，次いで１泊客となり，２泊以上する人は20歳代から50歳代前にかけての人が顕著であった。また，１～２泊すると答えた50人が宿泊先として挙げたのはホテルハワイアンズとウィルポートのみで，スパリゾートハワイアン関連施設外の湯本温泉に宿泊する，と回答した人はおらず，湯本温泉に客が流れている様子が確かめられない結果となってしまった。

交通手段は，ほとんどがバスか自家用車である。近隣地域の足としては，湯本温泉街からの短距離シャトルバスがあり，関東圏に向けてはスパリゾートハワイアンズ＝首都圏（西船橋駅，さいたま副都心駅，横浜駅，東京駅，新宿駅）などを運行している長距離シャトルバスがある。自家用自動車アクセスの受け皿

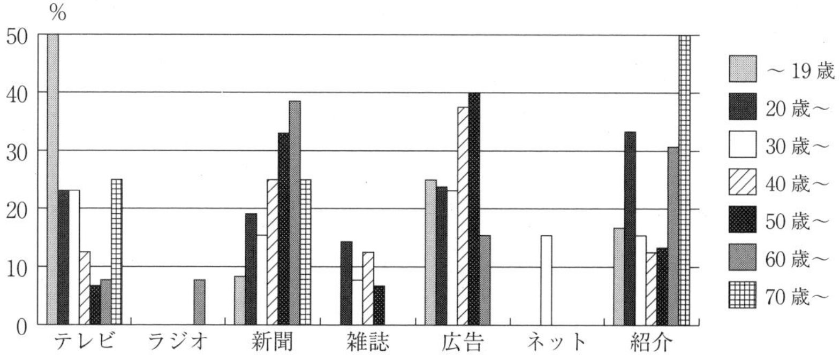

図3-6　施設情報の入手方法

としては，3500台分の無料駐車場が用意されている。これらの存在が公共交通機関の不便さを解消し，県外からの集客にも繋がっている。

(4) 来客の興味および目的など

「興味のあるものは？」との問いに対して，圧倒的に多かった回答は露天風呂であり，次いでプール，ポリネシアンショー，ウォータースライダーなどと続いたアンケート結果となっている。一見，温泉を利用したプールがメインの施設に対する評価としては，あまり妥当なものではないという印象を受ける。しかし，調査を実施したのが深秋の11月後半であったため，これがイメージとしてオフシーズン施設に当たるような結果となってしまった。

しかし，スパリゾートハワイアンズにおいては夏にはプール，冬は露天風呂とメインとなるものを季節ごとに変えることができる。さらにメインの変化はあるものの，通年温水が使用されていることで季節によっては使えなくなるといった施設が出てこないため，年を通してほぼ安定した集客が行え，他のテーマパークとの差別化を図ることにもなっている。

今回のアンケート結果から，季節的な理由は別としても浴槽面積日本一を誇

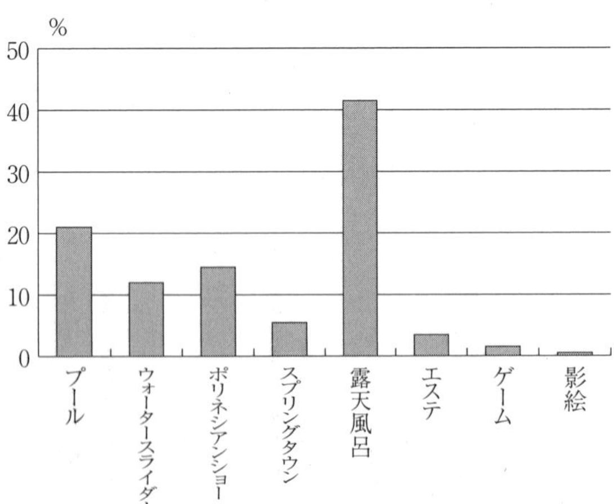

図3-7　来客の興味施設・イベント

る巨大露天風呂「江戸情話“与一”」は，年齢層に関わりなく来客の多くに大好評な興味目的施設になっている。ポリネシアンショーやウォータースライダーなどは，常磐ハワイアンセンターとしてオープン以来，客評価の高いものとして定着している。

(5) リピーター

来場回数を見てみると，初めて訪れた人が全体の4割を占めている。この結果から判断できるのは，いろいろなメディアを用いた宣伝が大きな効果をあげてきているということである。「また利用したいですか？」の問いに対しては，約9割が「はい」と答えており，スパリゾートハワイアンズのリピーター獲得率は非常に高いといえる。テーマパークにとってこれらリピーターの存在は大きく，「また来たい」と思わせ，「また来る」と利用者にいわせるような，浸透した必要で不可欠な魅力が，スパリゾートハワイアンズに備わっていることを証明している。

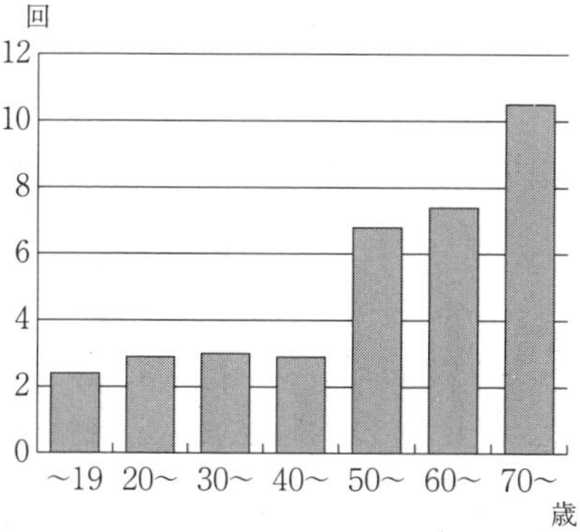

図 3-8　平均来場回数と年齢層

＊70歳以上の中には，数えられないほど多い回数の人もいた。

(6) 顧客満足（価格・安全・衛生）

最後に，満足度についてである。まずは，料金面であるが，料金に対する満足度はそれほど低くはない。しかしながら，気軽に訪れられるほど安い料金ではないということに加え，入場料の他にウォータースライダー使用料などの別料金を請求するという料金設定は，割高感に苛まれてしまう人も中にはいるのではないだろうか。利用者たちの間には「スパリゾートハワイアンズでは○○円あれば遊べる」という想定出費イメージがつくられていない。広告に料金体系を明確に記載するなどして，人々に具体的な経費イメージを提供することが安心感を与え，更なる集客につながると考えられる。

次に，安全面・衛生面の満足度であるが，安全面に関して「とても不満」だと感じている人が2人，「不満」と感じている人が8人。数だけ見ればそれほど多いというわけではないが，これは人々が施設を利用した際に，どこかに危険だと判断した部分があったことを示しているととらえられる。早急に詳細を明らかにし，対応を検討する部分である。衛生面では，「不満」とした人が18人とやや多い。確かに，湯に濡れた施設内で，土足とそうでない（裸足でも歩

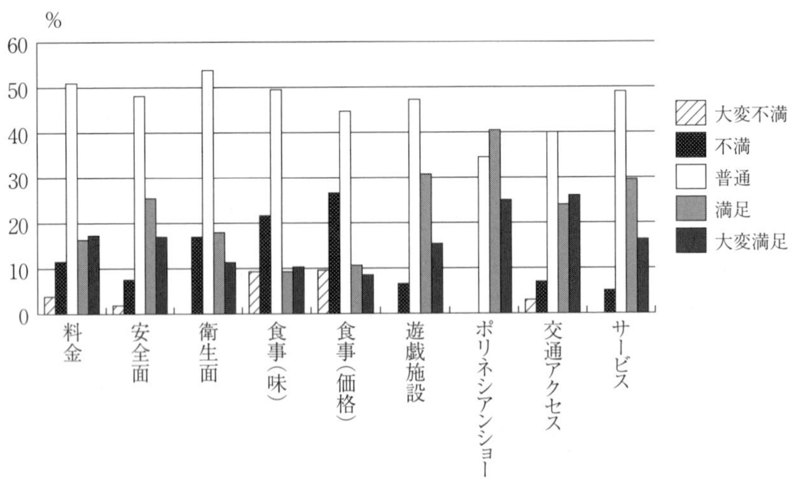

図 3-9　各面での来客の満足度

ける）範囲の境目がないことなどは，実際に訪れて調査することで気が付く点である。食事に対する満足度は，味・価格ともにやや低い結果となった。「食」は余暇・観光において重要な要素であるため，この結果は重要視されるべきであり，至急に手を加えるべき点であるといえる。

逆にいえば地元の鮮度に恵まれた食材を駆使して「食」を改善することで，全体に対する評価が高まることも大いに期待できる。いずれにしても，今後の最も重要な課題のひとつである。遊戯施設・ポリネシアンショーといったスパリゾートハワイアンズの根幹であり，テーマパークとして最も重要な部分とサービスについては，人々の満足度は高い。一方で，従業員のサービスの質に差があるとの声もあったのも事実である。満足度を維持しつつ，情報量や知識の差を埋めるため，さらに接客技術の向上のため従業員教育の充実が求められる。

(7) 利用者の立場を吟味して

紹介しているアンケート分析結果からもわかるように，スパリゾートハワイアンズは多くのリピーター，地域住民に支えられた地域密着型テーマパークであるといえる。ここが他のテーマパークと最も大きく異なるところは，従業員と客が一体となっている点であり，前述のⅡ．にもあるように常磐の人々にとっては，乳呑児の時から苦労して育てあげた子供のような存在である。そのため，多少の施設の使いづらさやサービスが不十分であったとしても不満を不満に感じることはなく，地域住民の懐の深さがスパリゾートハワイアンズ全体を包みこんでいるような印象を強く受ける。毎年，県内外からたくさんの来客数を獲得しているのは，ただ単に施設に話題性があったり，営業が頑張っているのでなく，こうした情緒から醸し出される雰囲気，垢抜けない居心地の良さ，そして人々の温かさがそこにはあるからである。IT 社会がどんどん進み，人と人とのつながりが薄れてきた現代社会において，人々の憩いの場として「人間味」を感じさせてくれるスパリゾーハワイアンズの存在は，ノスタルジックでもあり，新鮮で魅力的である。

だが，それと同時にサービスに妥協が生じ，馴れ合いになっていないかという懸念も生まれてくる。初心に戻り，地元リピーターが基準の偏ったサービスになっていないかを，一度見直す必要性が大いにあると感じるのであった。

実際，施設を利用した際に気付いたことではあるが，施設内の案内表記が分かりづらかったり，お金や貴重品を持ちながら移動することが不便であることなど，リピーターは理解していることでも，初めて訪れる利用者には，そうした情報が行き届いていない可能性が高い。サービス提供側として多くの新規顧客を獲得し始めている時期にあり，さらなる質の高い顧客サービスの提供と従業員の情報・知識格差を埋めるなどのソフト面を強化することは必至である。「日本のハワイ」から「世界の温泉娯楽湯」へと飛躍するためにも，そうした点に細心の注意を払い，利用者の立場を吟味して改善に努めなければならないと思われる。

第５節　健康志向のキーワードは「温泉」

最近，都市近郊を中心に「温泉」をテーマにしたレジャー施設が次々と誕生している。東京・お台場の敷地面積約３万㎡には，江戸文化をモチーフにした温泉テーマパーク「大江戸温泉物語」(元東日本ハウス会長中村功氏が取締役会長)が，2003年３月オープンした。お台場は世代に関係なく誰もが興味をもつエリアのひとつだが，これまで若い人向けの施設ばかりで，中高年やファミリー層が楽しめる施設が少なかった。癒し，スローライフを求める声があがってきている現代社会においては，若者だけでなく幅広い層がゆっくり過ごせる「時間消費型」施設が，「温泉」ということになろう。

この施設の浴場は江戸時代に庶民の憩いの場であり社交場でもあった「湯屋」のイメージで造られ，コンセプトとして入館者は入り口で貸し出される浴衣をまとい，江戸庶民になりきって館内をそぞろ歩くという心理的な開放感の演出をしている。入館料は大人2,827円(消費税，入湯税込み)とし，集客の目標数は年間200万人としている。

また，東京ドームは「後楽園遊園地」の一部を再開発し，1万6,000㎡の敷地に，地上9階・地下2階の複合商業施設「ラクーア」を2002年5月にオープンさせた。都心で働く25歳から35歳の女性をメインターゲットにし，基本コンセプトは「東京の真ん中でリフレッシュする」である。天然温泉を楽しめるスパゾーンとショッピング・飲食ゾーン，世界初のセンターレス大観覧車とそれを突き抜けるハイパーコースター等のアトラクションゾーンを融合させたエンターテインメント商業施設だ。また，ここも大人のための癒し空間に徹し，仮眠室も300人分設ける等，仕事帰りに何回も足を運んでもらえるように都市生活者のニーズに対応させ，大人入館料を2,565円（消費税，入湯税込み）としている。東京ドーム遊園地の入園者数はここ数年低迷していたが，「ラクーア」オープンにより年間800万人の集客確保を目的にしている。

さらに，東京都練馬区の豊島園では2003年6月に，日本庭園を望む天然温泉施設「豊島園・庭の湯」を開設，「大人のための癒し空間」をスローガンに地元と密着した高齢者も楽しめる健康的で親しみやすいレジャー施設を目指している。なお，この施設の大人入館料は2,250円（消費税，入湯税込み）としている。

根強い健康志向ブーム，そして高齢化社会到来において余暇の重大キーワードは「温泉」となっている。実際，スパリゾートハワイアンズも50歳代以上の中高年齢層が多く，今後はさらにそうしたシニア層がビジネスターゲットの中心になって来るのは確かである。また，現地施設＝東京間の送迎シャトルバスやインターネットを利用した割引制度などによる，県外からの顧客・リピーター獲得がようやく軌道に乗り始めたスパリゾートハワイアンズにとって，今後前述のような交通環境や景観演出に優れた大都市の天然温泉施設の存在が脅威になることは間違いない。

市場経済社会において，このような危機的状況をどのように切り抜け，どのような生き残りを図っていくかは，将来のこの企業の大きな課題である。「コンセプトだけでは飯は食えない。しかし，コンセプトがなければ事業は成り立たない」，これは常磐興産株式会社代表取締役社長である，斎藤一彦氏の言葉と聞いている。彼は，スパリゾートハワイアンズは転換期に差しかかっているとして，この企業の構造改革に乗り出す意向を示しており，近い将来に，このテーマパークの姿形は大きく変貌していくことであろう。そして，常に顧客ニーズに素早く反応し，新しいことに挑戦し続ける創造性，創設期から培ってきた概念に捕われない逆転の発想力，そして一山一家で固く結ばれた絆の強さをもつスパリゾートハワイアンズであれば，どんな厳しい状況下にあっても勝ち残っていくであろうと期待している。さらに，家計における余暇費用が縮小されている現状で，庶民の憩いの場として愛され，垢抜けない居心地の良さを提供し続けるスパリゾートハワイアンズが，東北の観光事業経営におけるシンボル的および雄の存在であり続けるための挑戦を継続することを願うものである。

東北の温泉旅館が遠方からの客を呼べず，日帰りの近郊都市の利用客にターゲットを移行する中，同じ温泉リゾートを展開するスパリゾートハワイアンが，大人入場料 2,940 円（消費税，入湯税）という設定で，関東圏および以東から 50 数％超す来客を受け入れている現実は，努力の成果として素直に認めなくてはならない。

今後，さらに補足調査を行い，都市と地方の家庭における余暇経費の格差，動向や余暇事業の展開に関わる研究を進展させる必要がある。

参考文献

猪狩勝巳『ハワイアセンター物語』加納活版所　1980 年
小崎章光『ハワイアンプロジェクト―炭鉱から観光への転進―』創栄出版　1999 年
「常磐興産株式会社ホームページ」http://www.joban-kosan.com
「スパリゾートハワイアンズホームページ」http://www.hawaiians.co.jp
長谷政弘編著『観光学辞典』同文舘　1997 年
「スパリゾートハワイアン調査」三橋研究室　2006 年・2008 年
「家族の余暇関係調査」三橋研究室　2006 年

第４章　中央アジアの現状とウズベキスタンの展望 ―ナボイコンビナートの観光事業への試み―

第１節　シルクロード観光からの脱皮

ソ連邦（ソヴィエト社会主義共和国連邦）解体後，1990年代のはじめにロシアの諸影響を受けながらもイスラム文化社会圏の中央アジア諸国は，独立をしていった。市場経済システム移行過程での経済的問題は多く出てきたものの最終的な経済破綻に落ち入ることがなかったために，タジキスタン共和国を除けば比較的政治面での安定は保たれてきた。中央アジア諸国の独立国として歩んできた10数年にわたる政治の流れと産業構造の変化の現状を，10年の計として政治，経済，国際社会などに1998年からの本プロジェクトチームの現地調査資料などを加え分析をしてみる。また，今後の各産業の国際的な生産地がどのように変化して行くか推測が付かないという前提から，同地域国の比較の中で推察するウズベキスタン共和国の可能性を導き出そうとするものである。さらに，最近における地下資源に対する海外からの注目，農業への外資導入の動向などから，この地域における眠れる獅子と言わしめるウズベキスタンの展望を占う。加えて，この国の各工業，鉱業を一手に支えてきたナボイコンビナートの外資系へのアプローチと企業群による観光事業構想に参画を試みるなかで，国内観光の一辺倒な“シルクロード観光”から脱皮への挑戦をして拡大の方法を導き，ウズベキスタンの観光事業拡大に貢献をすることを旨とする。

1　中央アジアの産業情況比較

ソ連邦は，1991年12月21日にモスクワにおいて，11の共和国首脳会議が開かれ正式に消滅したのであった。その時期と前後してソ連邦を形成していた各共和国は民族の自立と民主化のスローガンのもとに独立をしていった。地理的にアジア地域に位置し，ソ連邦の中でのイスラム文化社会圏を構成していた５共和国も他の共和国と同様な道を歩むのであった。後に，中央アジア５ヵ国と呼ばれるようになったカザフスタン，ウズベキスタン，トルクメニスタン，タジキスタン，キルギスタンの共和国である。

ソ連邦時代のこの地域の５連邦には政策的な産業分離が課されていた。独立後は各国独自の産業育成の方法に方向転換をしてきたものの，地域の適正にあったものとソ連の中央政府の政策下での産業投資，技術指導を超越するまでには，各国の諸レベルが向上していないのが現実である。

しかし，この地域における大きな流れとして，独立から約16年を経過するなかで，各国の産業に特徴を見出そうとする対外的な動きが活発になってきた。経済的自立のためには前向きな方向として評価する反面，国際市場の精通に欠ける点から，将来の発展の可能性があるというだけでは，安閑としていられないというのが現実であろう。

カザフスタンを筆頭に，この地域における地下資源は，他の地域や国が羨むほどの石油，石炭，天然ガス，ウラン，マンガン，鉄鉱石，クロマイト，リード，亜鉛，銅，ボーキサイト，水銀，金，銀，他というような豊富な種類と恵まれた埋蔵量を誇っている。

(1) キルギスタン共和国

キルギスタンは素晴らしい自然の美しさをもち，伝統的な遊牧民であることを誇りとする中央アジアの国で，1864年にロシアによって併合され，1991年にソ連邦から独立をした。今日の課題は国有企業の民営化，民主主義と政治的な自由の拡大，民族間の関係とテロリズムへの対応である。経済的には旧体制的な方法から脱皮しきれておらず，基幹とする産業の育成とその計画が同地域の他国と比べ進んでいないのが現状である。近年の貿易相手国を見ると，徐々にCIS諸国から欧米や隣国の中国に物流が開かれてきていることが窺える。しかし，まだまだ国際機関の助成や他国援助が必要と思われる。

キルギスタンは農業主体の小さい貧しい山国である。綿花，羊毛，肉という農産物が主な輸出品である。その他では，金，水銀，ウラン，電力が輸出されている。市場改革を実行することにおいてキルギスタンはソ連邦の中で最も進歩的な国のひとつであったことと経済安定プログラムが功を奏し，1994年に88%だったインフレは1997年には15%に引き下げられた。その後は経済成長重点の政策に移り，政府の持ち株の多くは民間に売却されていった。1991年12月のソ連崩壊後，経済は大きく低下したが1995年半ばには生産が回復し，輸出が拡大し始めた。1996～97年，海外投資は経済復興にかなりの役割を演じた。しかし，相変わらず年金受給者，失業している労働者と給料が滞納している国家公務員は苦しみ続けている。

ロシア経済危機を主因に1998年の経済成長は2.1%にとどまったが，1999年3.7%，2000年5.4%と好転している。政府は負担の大きすぎる対外債務，インフレ，税収の回収問題に対し，一連の法案を採択した。結果として，近年

表4-1　キルギスタン共和国関係資料

《前年同期比％表示》

項目＼年	1998	1999	2000	2001	2002	2003	2004	2005	2006
GDP	2.1	3.7	5.4	5.3	0	7	7.1	−0.6	3.1
鉱工業生産	5	−4	6	5	−11	17	5	−12.1	−6.8
農業生産	3	8	3	7	3	3	4	−4.2	2.3
資本投資	−36	22	37	−14	−10	−7	2	−3	18.4
貨物輸送量	−1	15	5	−3	5	9	4	−9.3	4
小売売上高	11	1	7	6	9	11	17	13.4	15.7
工業生産者物価指数	9	54	32	10	6	7	9	2.8	17.2
CPI	10	36	19	7	2	3	4	4.3	6
輸出(CIS諸国)	−28	−21	13	−19	0.1	19	37	10	26.2
輸出(その他諸国)	−0.5	−4	10	−14	3	20	17	−16.8	9.4
輸入(CIS諸国)	1	−41	15	−14	26	27	42	17.8	41.6
輸入(その他諸国)	47	−15	−25	−18	26	16	17	17.6	33.2

(注) 2006年は1-6月

資料：CIS統計委員会

になり多少の経済的成長の兆しをみせてきてはいるが，安定成長とまでは行かない。また，諸産業生産が伸びない原因を究明して，早急に修正していかなければならない時期にきている。

(2) タジキスタン共和国

タジキスタン（タジク）はソ連邦から1991年に独立を果たした時から，3回の変革と5年の内戦を経験してきた。ライバルの派閥間の平和合意が1997年に署名され，実際にそれが実行されたのは1999年の末であった。1999年に行われた選挙に先立ち，当時の政府に反対の立場をとっていた政党の合法化が行われることになったが，そうした政党の政府への参加は殆んど受け入れられなかった。同国内の犯罪，暴力行為などの多発情況が，安全・平和を求める国際社会からは好ましい国家として認められるに至っていない。経済的な数値，指数においてはこの地域の国で一番下に位置し，長期にわたる消費者物価の高騰が国民生活を苦しめている。

表 4-2　タジキスタン共和国関係資料

《前年同期比％表示》

項目＼年	1998	1999	2000	2001	2002	2003	2004	2005	2006
GDP	8	3.7	8.3	9.6	10.8	10	10.6	6.7	7.1
鉱工業生産	8	6	10	15	8	10	15	8.5	6.3
農業生産	6	3	13	11	n.a.	n.a.	n.a.	n.a.	n.a.
資本投資	n.a.	n.a.	n.a.	n.a.	n.a.	n.a.	50	8	31
貨物輸送量	3	−11	5	0.8	−0.7	21	17	1.6	13.9
小売売上高	9	4	−21	2	18	25	23	9.6	8.8
工業生産者物価指数	30	44	44	27	9	15	17	−1	21.6
CPI	43	26	24	37	10	17	7	7.8	9.7
輸出（CIS 諸国）	−26	55	19	−43	−11	−26	15	11.7	19.3
輸出（その他諸国）	−17	−5	10	7	25	20	15	−3.3	62.3
輸入（CIS 諸国）	−7	15	9	−4	2	9	29	11.7	47.9
輸入（その他諸国）	−1	−44	−22	30	16	63	48	11.6	8.3

（注）2006 年は 1-6 月

資料：CIS 統計委員会

タジキスタンはソ連邦時代も 15 の共和国の中で 1 人当たりの GDP が最も低い国であり，今尚，綿花がこの国における最も重要な収入源となっている。また，鉱物資源は限られた量ではあるが，金，銀，タングステンを産出している。産業としてはアルミニウム工場が 1 つ，水力発電，軽工業，食品加工が若干ある。同国経済は 6 年の内戦，モスクワからの助成金の打切り，モスクワ市場の喪失により大幅に遅れをとった。国民の大部分が厳しい貧窮の生活状態にある。タジキスタンは，ロシアおよびウズベキスタンからの支援と国際的な人道主義者の援助に基本的な生存を支えられている部分がある。この国の経済の将来と海外投資を引き付ける可能性は経済の安定性からみて大であり，今後の国内政治の安定化と労働者の技能教育の向上にかかっている。

(3) カザフスタン共和国

人種的に生まれつきのカザフ人，13 世紀に地域に移住したチュルク系，モンゴル系の遊牧民はひとつの国として統一されたことは，ほとんどなかった。この地域が 18 世紀にロシアに征服され，1936 年にソ連邦の一共和国となった。1950 年代，1960 年代，農業の「処女地」プログラムにより，ソ連邦内の人民をカザフスタンの北部の牧草地開拓に移住を促した（シベリア地域の朝鮮民族系は強制的に移住をさせられた）。それらの関係者は，カザフスタンに 10 万 5 千人，ウズベキスタンに 15 万人，さらに残りの中央アジア諸国に 5 万人といわれているが，独立後の市民生活の全般にわたる民族主義的傾向の高まりに朝鮮人の国外流出が続いている。彼らの流出先はロシア，並びに CIS 諸国外の遠外国となっている。これにより，同地域でさまざまな民族が同居することになり，ソ連時代はカザフスタン国内でもカザフ人が必ずしも大勢を占めていなかった。独立後，このような移住の背景をもった人たちは自己の選択として，カザフスタンから元来の出身地へと戻った者が多い。今日の課題は，国家のアイデンティティを高めること，巨大なエネルギー資源の開発と国際市場への輸出，近隣諸国，海外諸勢力との関係強化である。

カザフスタンは，領土ではソ連邦を形成する共和国連邦の中で 2 番目に広く，鉱物，金属の豊富な資源と同様に大量のエネルギー資源を埋蔵し，家畜と穀物でも大生産地となっている。工業部門はこれらの天然資源の採掘と加工，建設部品，トラクター，農業機械，軍需産業に関わりをもつ機械工業から成り立っていた。1991年12月のソ連邦の崩壊とそれによりカザフスタンの伝統的な重工業プロダクトに対する需要の激減を生み，1990年代前半（特に1994年）の経済悪化をもたらした。1995～97年で，経済改革と民営化の政府プログラムが加速され，民間部門への資産シフトが進んだ。西カザフスタンのアティラウ，テンギス油田から黒海までの新しいパイプラインを構築するカスピ海パイプラインコンソーシアム合意により，この数年で石油輸出の大幅拡大の可能性が生まれた。カザフスタンの経済は下落した石油価格とロシアの8月金融危機のために，1998年の経済成長率は再び2%ほど下降したが，1999年の国際的な石油価格の回復情況での通貨テンゲの切り下げと穀物の豊作により2000年には経済は回復をした。その後，経済は2008年まで高成長を維持している。

表 4-3　カザフスタン共和国

《前年同期比％表示》

項目＼年	1998	1999	2000	2001	2002	2003	2004	2005	2006
GDP	−1.9	2.8	9.8	13.5	9.8	9.3	9.6	9.2	9.3
鉱工業生産	−2	3	16	14	10	9	10	4.6	5.1
農業生産	−19	28	−4	17	3	1	−0.5	6.7	4.1
資本投資	42	33	49	45	11	17	23	22	25.2
貨物輸送量	−2	1	31	13	13	9	9	4.7	4.2
小売売上高	19	2	5	16	8	10	18	12.4	13.5
工業生産者物価指数	0.8	19	38	0.3	0.3	9	17	23.7	23.9
CPI	7	8	13	8	6	6	7	7.6	8.7
輸出（CIS諸国）	−2.7	−31	59	13	−17	36	37	−0.7	16
輸出（その他諸国）	−7	26	64	−7	25	33	61	48.6	35.8
輸入（CIS諸国）	−12	−22	72	21	−8	29	56	33	26.3
輸入（その他諸国）	16	−9	10	36	13	26	49	38.5	25

（注）2006年は1-6月

資料：CIS統計委員会

カザフスタンは，軽工業を発展させることによって石油に大きく依存した経済から脱皮を図ろうとしている。無論，それをフォローするのは，欧米の石油メジャーと産油プロジェクトを組んでいる豊富な埋蔵量を誇るアティラウ油田ということを忘れてはならない。また，ソ連時代の長期に渡り，原爆の実験・宇宙開発の基地として培われた高度な化学，科学技術力を有していることも同様である。

(4) ウズベキスタン共和国

ロシアは19世紀末にウズベキスタンを征服した。第2次世界大戦後，赤軍に対し厳しい抵抗を行ったが鎮圧され，社会主義の共和国が1925年に設立された。ソ連時代の「白い金」(綿花) と穀物の集中的な生産により，アラル海・大河川の水質源の枯渇および土壌の悪化を招いた。1991年の独立後は鉱物・石油資源を開発する一方，段階的に農業への依存を減らそうと努めている。長年にわたり課題とされてきたタジキスタン，アフガニスタンに本拠を置くイスラム過激派への対処であったが，2001年10月の米国・アフガニスタン戦争により南に国境を接するアフガニスタンのイスラム過激派との問題は解消した。また，民主化の拡大の進展であるが，独立当時の共和国の指導者が若かったため独立12年を経た現在も，カリモフ大統領執行部体制が政権を動かしており大きな世代交代は行われていない。しかし，幾許かの民主政治の進展と政治家の世代交代の兆しは見せ始めている。

ウズベキスタンは乾燥した内陸国で，国土の10%が耕作地である。その住民の60%以上が密集した人口の多い田舎の共同体に住んでいる。ウズベキスタンは現在も世界3位の綿花輸出国，地下資源では金，銀，石油，他などの大生産国でもあり，化学物質と機械の生産国でもある。1992年12月の独立後，政府は生産と価格に対し，助成金と厳しい中央政府命のトップダウンコントロール (ソ連スタイルの統制) で急場を凌ごうと努めた。しかしながら，高いインフレ率に直面した政府は1994年半ばに金融引き締め，民営化，経済における国家の役割の強化，海外投資家のための環境改善といった重要な経済改革を

表 4-4　ウズベキスタン共和国

《前年同期比％表示》

項目＼年	1998	1999	2000	2001	2002	2003	2004	2005	2006
GDP	4.4	4	4.5	4.2	4	4.2	7.7	7.2	6.6
鉱工業生産	4	n.a.	n.a.	8	8	6	9	7.7	9.7
農業生産	4	n.a.	n.a.	5	6	6	10	7.3	7.2
資本投資	15	n.a.	n.a.	4	4	5	5	7	n.a.
貨物輸送量	−0.1	0.4	n.a.	n.a.	n.a.	n.a.	n.a.	n.a.	n.a.
小売売上高	14	10	5(1-9 月)	10	2	5	5	8.6	11.6
工業生産者物価指数	41	38	n.a.	42	n.a.	n.a.	n.a.	n.a.	n.a.
CPI	n.a.	n.a.	n.a.	n.a.	n.a.	n.a.	n.a.	n.a.	n.a.
輸出(CIS 諸国)	−41	n.a.	n.a.	n.a.	n.a.	n.a.	n.a.	n.a.	n.a.
輸出(その他諸国)	−10	n.a.	n.a.	n.a.	n.a.	n.a.	n.a.	n.a.	n.a.
輸入(CIS 諸国)	−24	n.a.	n.a.	n.a.	n.a.	n.a.	n.a.	n.a.	n.a.
輸入(その他諸国)	−26	n.a.	n.a.	n.a.	n.a.	n.a.	n.a.	n.a.	n.a.

(注) 2006 年は 1-6 月
資料：CIS 統計委員会

開始した。国家の経済への影響力は依然強く，改革の推進は遅れている。IMF は政府改革がその条件を満たさないことから 1996 年末にウズベキスタンへの 1 億 8500 万ドルのスタンドバイ・アレンジメントを延期した。ウズベキスタンはアジア・ロシアなどの金融危機という困難な対外条件にロシアをモデルとした閉塞経済の下，通貨の統制により対応してきた。

この時に行った海外からの投資を拒否した経済政策が，経済低迷の主な原因となっている。拡大する累積負担，長引くインフレの克服の遅れが 2000 年以降のビジネス環境の改善に結び付かず，経済成長は前年比 4％程度の GDP の伸びで推移してきたが，ここ数年は海外からの投資傾向がみられるようになり，そのポイントを上げてきている。

課題も多いが総体的な将来の可能性は，地下資源と豊富な労働力を背景に中央アジア諸国ではトップクラスと思われる。

(5) トルクメニスタン共和国

トルクメニスタンは1865年から1885年までロシアによって統合されていたが，1925年にソ連邦の一共和国となり，1991年ソ連邦崩壊後に独立した。大統領ニヤゾフは絶対の力を維持し，反対は容認されない。もし，開発と輸送問題が解決されれば，豊富な天然ガスがこの発展途上国に大いなる恩恵をもたらすことになる。

トルクメニスタンは灌漑されたオアシスにおける集約的な農業地をもち，莫大な天然ガス資源（世界５番目）と石油資源をもつ砂漠国である。その灌漑された土地の２分の１で世界10番目である綿花生産が行われている。1998年来まで同国は石油と天然ガス価格が高めであったこととハードカレンシー（兌換通貨制度）を拡大したことにより，他の旧ソ連諸国ほど経済の落ち込みはひどくなかった。1994年，ロシアがハードカレンシー市場への同国天然ガスを輸出することを拒絶，また，ソ連邦を形成していた国々の天然ガス代金払い延滞により工業生産の大幅低下，予算の赤字化を招いた。

前共産主義者による権威主義体制と部族的社会構造により，同国の経済改革は用心深いものとなり民営化は限定され，非効率的な経済を維持するために天然ガスと綿花の売却を利用するという方向に進んだ。1998～2000年に天然ガスの輸出ルートが依然不足していることや増大する対外短期債務の支払いに苦しんだが，総輸出高は国際石油，天然ガス価格の上昇により急増した。しかし，近い将来の展望は国内の貧困，対外債務負担から見て明るいものではない。このように現実を考えればIMF援助が必要となるが，トルクメニスタン政府はIMF条件を現時点で受け入れる予定はない（国外からの内政干渉回避の意味も含み）。1999年のロシアのGazpromパイプラインによる天然ガス200億m^3の取引は，2000年の会計の不足を軽減するのに役立ったが，その後の不適当な予算支出，2001年の天然ガス取引の引合いの手薄状態は，現実的な経済改革の遅れとともに短期的な経済問題を引き起こす要因となった。1998年にGDPの実質成長率がプラスに転じてから，中央アジア諸国の中でトルクメニスタンほど高い成長率（10～22%）を10年近く持続している国はない。ただ，経済活動は国が独占し，市場経済化や民営化の動きはほとんどみられない。また，外交においても主要産業の天然ガスの買い手や近隣諸国を中心に一部の国に限られるという偏重をきたしていることは，経済の将来と同様に問題と思われる。

2　中央アジアの現状分析から

中央アジアの眠れる獅子といわれるウズベキスタンは，中央アジア5ヵ月の中においてソ連邦時代，また，独立後も目立った産業投資もされず農業を中心として，鉱業，そして科学・工業がこの国の経済を支えてきた。経済成長は上下変動の激しい他の地域諸国と異なり海外からの目立った資本投下がない状況で独立後5%前後の経済成長を続けてきた。最近，ソ連時代はベールに包まれていたこの国の金を中心とした鉱山地下資源が評価され，ウズベキスタン唯一のナボイコンビナートが海外投資家および海外企業の注目を浴びてきているようである。今後，この地域がウズベキスタンという国の諸事の中心に参画していくものと思われる。また，政府の経済方針および民主化の推進，外資誘致の環境設定が進展し国際社会からの信頼を得られるならば，安定した食糧供給システムと食料生産能力基盤をもち約2500万人の人口を有するこの国の将来は

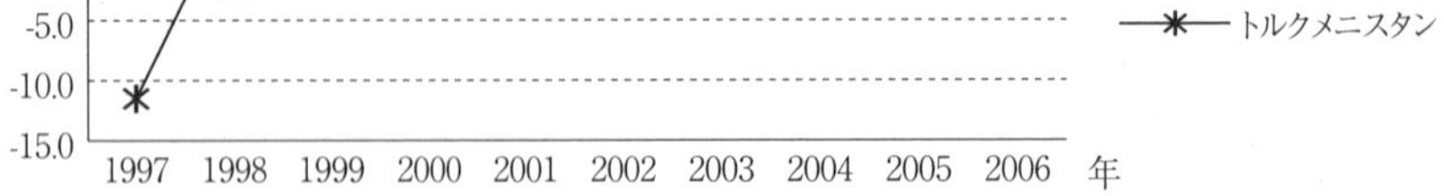

図4-1　中央アジア諸国のGDP実質成長率の比較

（注）CIS統計委員会，UN世界統計年鑑

諸生産物の増加からの国民生活の向上が窺える。

(補) 耳慣れしているコンビナート（Kombinat）という言葉は元来ロシア語であり，日本では第２次世界大戦後に重工業を中心とした政策の一環として臨海工業地帯において大企業の大工場間で形成された。英語では，コンプレックス（Complex）という言葉を一般的に使っている。

第２節　ウズベキスタンの地域動向と目論見

独立16年を経過した現在も政治は安定しており，独立当時と同様にカリモフ大統領執行部体制が継続している。しかし，ここにきて長期の安定政権における負の問題点も発生してきている。特に，独立後の混乱期を柔軟にコントロールするために行われていくはずであった段階的な情報公開が，いつの間にか滞って国の健全な発展に影を投げかけている事実も否めない。経済動向から見ると，土壌に恵まれた農業が国の基幹産業ということに変わりはないが，近年は欧州，イスラエルなどからのナボイ近郊への農業技術移転や農業投資が盛んになってきており，農業の国際化が進んできていることが窺える。また，ここにきて飛躍的な鉱山技術の進歩があり，採掘限界や未開発となっていた鉱物資源にも内外から注目を浴びるようにもなってきており，ウズベキスタン共和国の第１次産業は，徐々に国際的な認知を受ける方向にあるといえよう。ここにウズベキスタン共和国の最近の鉱業を中心とした第１次産業動向の紹介と新規地域観光地の組合せの形態形成および“脱シルクロード観光構想”の一考に関わってみる。また，特に，ナボイコンビナートの現在使用されていない旧国家体制下に建築された高級幹部および幹部用住居用などの企業施設の活用方法を考察するというテーマも課せられている。

1　ナボイコンビナート

ナボイはウズベキスタンの中央・南部地区に位置して最近では交通の要所となっている。鉱物資源は，ウチダック（Uchquduk）とザラフシャン（Zarafshan）に集中し，莫大な埋蔵量を誇る金鉱山には，世界の鉱業関連企業が注目している。ナボイ地域の最も重要な区画は，NMMC（Navoi Mining and Metallurgical Complex）という企業が占有しており，この鉱業企業は，巨大な金鉱山とウラン鉱脈を保有する。特に，NMMC の金抽出技術は世界最高のレベルをもち，金山や他の鉱山運営の安定に大きな貢献をしている。

このような諸背景をもとにナボイは質の高い金を近隣諸国および国際市場へ供給している。ここから産出される金によりウズベキスタンの独立が維持され，社会の平和は保たれ，安定した福祉向上が図られているといっても過言ではなくなってきている。キジルクム（広域な中・西部地域でカラ・カム砂漠がある）に豊富な鉱物資源が存在していることは明白であるが，正確な埋蔵量は明らかにされていない。ただ，これらの鉱物資源は，この地域の経済発展，産業振興，都市化などに有用であることは間違いない。これらの豊富な鉱物資源の開発は内外の巨額な資本と高速道路網，鉄道，電力，上水・下水設備，他の多くのインフラストラクチャーの整備によって支えられている。

こうした開発によりオアシスの街は，緑地，噴水，プール，空調設備などを

図 4-2　ザラフシャン川流域鉱山地帯

備えた近代都市へと変貌を遂げてきた。これほど大きな鉱業と企業が存在するのは稀である。また，他に類を見ない自然の歴史的・文化的モニュメントも多く存在する。蛇足として，前述したが歴史の中でもキジルクムの豊富な鉱物資源は無尽蔵とも思われており，黄金にまつわる古い伝説の所以は，そこにある。ペルシャの王マケドニアのアレキサンダーが，この地域への侵攻を熱望した理由もそこに窺える。

2　ブカンタウ山の驚異

ウズベキスタンにとって重要な鉱物資源を多く埋蔵している。この地域の金脈は世界的にもよく知られており，ムルンタウ（Muruntau）山コンパタス（Kokpatas）山，ダウギズタウ（Daugyztau）山などがその代表例である。キジルクムの山々は，ほとんど侵食によって形成されたため，その形状は穏やかで，太古の時代から存在する丘陵も多い。タムディタウ（Tamdytau）山地の死火山アクタウ（Aktau）山が，キジルクム周辺を含むウラル山脈の中で最も高い山である。キジルクム砂漠南東部境界付近に切り立つ高い山を除けば，アクタウ山，ヌラタウ（Nuratau）山，カラタウ（Karatau）山などがキジルクムの脊柱をなす山々である。銅はジラブラック（Zirabulak）山，ジアディン（Ziatdin）山，ヌラタウ山などで採掘された。青銅生産の中心は，現在のアクタシュ付近，当時はラビンジャン（Rabindzhan）と呼ばれていた地域であったと考えられている。このラビンジャンは13世紀初頭，チンギスハーンの侵攻によって破壊された。トルキスタン（Turkistan）について書かれた19冊からなる文献［Russia Complete Geographical Exposition］（V.Masalysky, 1913）には，この地域の豊かな鉱物資源と金についての記述がある。一時期，ナボイ地域の金の埋蔵に関して疑いの目が向けられた時期もあったが，現在ではこの地域にあるムルンタウ（Muruntau）山が世界有数の金の産出地域となっている。加えて砂漠地域ではウランの採掘も行われており，技術革新が砂漠でのこういった有用鉱物資源の大規模な採掘が可能になった。この50年でナボイは大きく変貌し，Navoi

Mining Metallurgical Combine（NMMC）という巨大企業が生まれ，独自の巨大複合産業地域をこの地域に形成し，都市はいちじるしく発展した。この企業体はキジルクムの宝物（鉱物）を独占しており，調査が進むにつれさらに新しい金鉱鉱脈も見つかって，ますますこの地域の砂漠の支配者と化している。また，多様性のある雇用促進を唱え，この企業体が中心となり行政ができなかったナボイ周辺の地域振興のプロジェクトを計画している。

3　ヌラタ

ナボイの北に位置するヌラタウ山地へのアクセスには，バスの利用が一般的である。ここではヌラタの泉（現地語でチャシュマ：Chashma）が有名である。モスクの裏庭から湧き出る水は澄み切って神聖さとともに清涼感をかもし出しているが，実際は泉が有名なのではなく，その泉から取水するカレーズ（地下水路）が有名で，非常によく配備された構造物である。長い年月を掛け，現地のエンジニアが作りあげたものであり，今日も使用されている。

興味深いのは，この地域に住む人々の生活，家畜，作物，樹木の生命が何世紀にもわたって，このたったひとつの泉からひかれる水によって支えられてきたという事実である。また，ヌラタはこの泉によって作られてといるといっても過言ではない。

ナボイの金の露天掘

ヌラタのモスク

長い歴史を通して泉は神聖なものとして崇められ，その水が病気に効くという噂がひろまり，多くの巡礼者が遠方からも訪れている。水が湧き出る場所は，キューブ状の構造物が建てられている。地下水路にせよモスクにしろ，こうした建造物は，何度も修復され，また大理石などによって装飾しなおされ使われてきた。この泉には，マリンカ（marinka）という草食魚が大量に生息しており，この魚も昔から神聖なものとして崇められていた。マリンカの存在が，その水の清らかさを表すと信じられており，訪問者のここでの些細な楽しみはマリンカに餌を与えることである。生後5，6年経った成魚は人間を全く恐れない。人間の手のそばにやってきて，直接，その口に餌を与えることもできる。

4　ガズガンのモスク

ムハンディスの造った大理石のモスクがガズガンにあり，その美しさと独創性は広くその世界には知られている。大理石のモスクというと，ステップのタージマハールのようなものを想像する者もいるかもしれないが，ガズガンのモスクはかなり趣を異にする。そのモスクがある同じ敷地内には，3つの構造物が建設されている。祈りの場でもあるドームは，ハズラット・アリ・シャヒマルドナ（Hazrat Ali Shakhimardona）の埋葬された大霊廟とも考えられている。

中央にはマクバラ（makbara）と呼ばれる塔と地下室があり，巨大に成長したと伝えられているアリを表しているといわれ，その高さは8mもある。そこには祈りの場となっているモスクがあり，4本の大理石のパネルが張られた大きな支柱に支えられたドームの中央天蓋は2層構造になっている。また，天蓋から半分くらいの高さのところに8つの明り取りの窓が開けられ，この窓が喚気窓の役目も果たしている。通常，モスクにはメッカの方向を示す穴が開けられているが，このモスクにはその穴が開けられていない。この大理石のモスクに関して強調して置きたいことは，その曲線の美しさである。こうした大理石のモスク建立のスポンサーはブハラ王族であったといわれている。しかし，砂漠の果てにある小さな村にこうした大理石のモスクを建立するのは非常に稀なことであった。現在ガズガンにある美しい大理石のモスクとシャヒマルドナの大霊廟が完成するには，さらに41年の月日が必要で，他の偉大な先人たちもこの建設に携わった。こうした建造物をガズガン大理石で建立することによって，ムハンディス自身が利益を受けることはなかったが，ガズガン大理石の建材としての適正を世に知らしめる結果となった。

大理石を使ったシャヒマルドナの大霊廟の建築様式は，ウズベキスタン国内で20世紀に建立された建造物に多大な影響を与えている。

5　ズリカーナイ

入り組んだ渓谷に沿った道を進むと，両側が切り立った岩肌，または岩の斜面になっている場所を通る。ここは以前，水が流れていたこともあったが，今では2，3の泉から，わずかに水が流れ出ているに過ぎない。この岩の壁に囲まれた地区には，ズリーカナイ（2本の角）という小さな集落がある。マケドニアのアレキサンダーがこの地域にやってきたといわれている時代に，そう名付けられた。その岩肌には，サクーマサゲト人によって彫られた岩絵，馬カルトの岩絵がある。サク（sak）人とマサゲト（Massaget）人は，青銅の時代，紀元前2000年頃にこの地域を支配していた遊牧民族であり，この2つを合わせてスキタイ（skitai）人と呼んでいる。これまでの研究では，これらは全て自然の造形物だと考えられている。水による侵食，風による風化，地震など長い年月をかけて何度も繰り返されるうちに，こういった自然の造形物が造られ，そして破壊されたと考えられている。現在では，そのモニュメントの大部分が破壊されてしまっているが，スフィンクスのような形をしたものも残っている。そのスフィンクスのような岩は一枚の岩盤でできている。スフィンクスの岩を超えてさらに渓谷の奥に進むと，急に開けた場所に出る。そこには古代の集落跡がある。

その集落跡の近くには，地元の人々に崇拝されている2つの自然のモニュメントがある。ひとつはタシュクダック（tashukuduk）と呼ばれている岩である。

妊娠している女性がその岩をみると，生まれてくる子が男か女か判断できるといわれている。そしてちょっとかわった緑色をした大きな岩が横たわっている。これは病気に効く岩だといわれている。その岩を削ったものも病気に効くと信じられている。まるで人の手が加えられたように不思議な形をした岩の造形があるが，それらはすべて自然の仕業である。われわれ人間に自然の営みの不思議さを教えてくれる貴重な場所である。キジルクムには，独特の地形，特殊な植生と動物，非常に重要な鉱物資源，オアシス，そして大規模産業地帯が混在している。そして山地や丘に隣接して流れるザラフシャン川とその谷によって彩られ，川沿いには古代の街と近代の都市が点在している。

6　キジルクムの動植物

ウズベク語でカフラック（kavrak）と呼ばれているキジルクムのウイキョウ（fennel）は，長年にわたって学問的にも研究され，キジルクム砂漠の植物相を代表する植物として数多くの文献や新聞などで紹介されてきた。ウイキョウは地形によって群生する。二人のジャーナリスト，シュキルバイ・アクナザロフ（Shukirbi Aknazarov）とアナフィール・イズテロフ（Anafir Izteleuov）がウイキョウの特徴について興味深いレポートを書いている。またウチダック，カニメッシュ，タムディ，ヌラタ地区に住む牧畜業者が，食した場合のその遺伝的影響について報告している。

太古の昔から，キジルクムに住む人々にウイキョウは薬用として珍重されてきた。特にその根は，リウマチ，腰痛，肺炎，肝臓病，胃炎，皮膚病などに対して効果があるといわれている。キジルクムの老人たちはキジルクムが天災や戦争によって飢饉になると，このウイキョウの根を食べて命を繋いでいたという。ウイキョウは古代からキジルクム以外でも珍重されてきた。

キジルクムでは，雨がほとんど降らないという特殊な気候条件の下，植物と動物が密接に関わり合いながら命を育んでいる。そのため，この地域に生息している動物は独特な生態を形成している。

第3節　脱シルクロード観光の期待と挑戦

1　ODA によるウズベキスタンの観光事業促進

現在，ナボイコンビナートの企業経営者連合が行政にこの地域の活性化の方法として第1次産業の他に第3次産業の観光に関わるインフラの整備を呼びかけており，サルミッシュのペトログラフ（呼称：線画岩絵）のユネスコ世界遺産登録への進展が急務となっている。

ここ数年，これに対して政府機関も熱心になってきているが，資金的な面を含め幅広く外国のバックアップが必要な情況にある。また，研究者を中心として，国内における文化遺産としての啓蒙活動，海外における PR 活動は活発になってきている。特に，一昨年のノルウェーのオスロ，昨年のロシアのモスクワで行われたプレゼンテーションでは高い評価を受けている。また，この活動に招聘されたのを機に，観光事業を研究するものとしてサルミッシュのペトログラフを日本に紹介するとともに，ODA によるウズベキスタンの観光事業促進の助力を，日本政府に訴えているところである。

2　サルミッシュ渓谷の自然，歴史，文化遺産と観光

ナボイの北約 40km の所にあるカラタウ（Karatau）山地に，サルミッシュ（Sarmish）渓谷はある。花崗岩のゴツゴツしたその渓谷は，夏は 40 度，冬はマイナス 10 度を越える過酷な気象条件下にあり，その岩盤は，SiO_2，$CaCo_3$，C，Al_2O_3 といった成分を多く含んでいる（Hygen, 2002）。そのサルミッシュ渓谷で発見された岩絵は，紀元前 5000 年から 7000 年頃に描かれたものだと考えられている。

岩肌に描かれた岩絵は約 3000 点にのぼる。残された岩絵から，われわれは当時の人の生活，文化，歴史の一端を知ることができる。サルミッシュ渓谷とその岩絵に関する調査は，サマルカンド，タシケント，モスクワ，サンクト・ペテルブルグ，イルクーツクの科学者，および，カザフスタン，ポーランド，

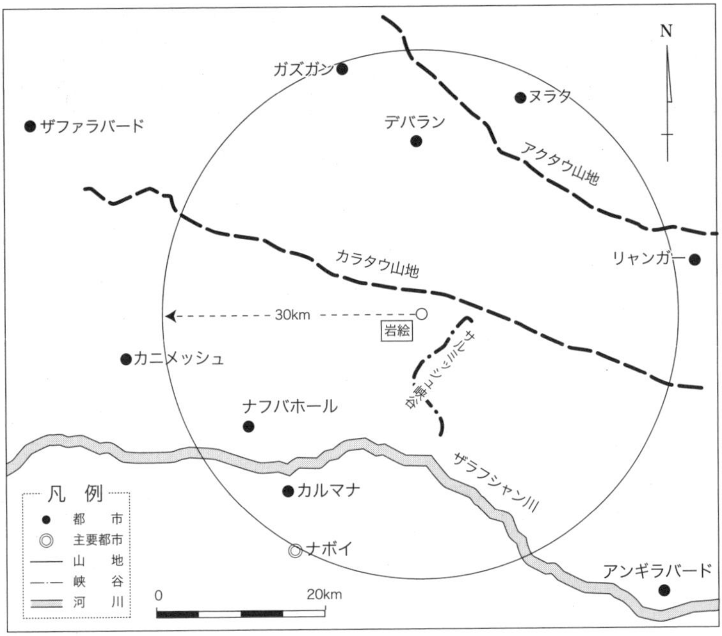

図 4-3　サルミッシュを中心とした観光事業計画圏

ウクライナの科学者によって行われた。サルミッシュ渓谷の岩絵から分かる当時の様子として，サルミッシュ渓谷およびその周辺の自然の状況があげられる。

古代の狩猟民族はサルミッシュ渓谷とその合間を流れる渓流を崇拝しており，水の豊富なこのあたりでは容易に野生の牛，鹿，山ヤギ，羊などの獲物をとることができたと想像できる。水の存在と獲物の豊富なことからこの渓谷は古代の人々から崇拝され，人々は岩石だらけの渓谷から抜けた渓流の下流部分に広がる平野部に住んでいた。このあたりは夏と冬それぞれに対応できる居住環境が整っており，南側の岩山にある洞窟を居住空間として彼らは利用していた。

しかし，何千年もの時の流れは人々に生活スタイルの変化をもたらし，この地を離れて行くようなこととなった。人々の生活方法は，野生動物の狩猟に頼るものから，羊やヤギを使って牧畜を営む生活へと変化し，山間部の森の恵に依存する必要がなくなった。また，山間部を流れる渓流が干上がり，乾燥が激

サルミッシュのオアシス

サルミッシュの壁画

しくなったことなどの理由で，古代に人々はサルミッシュ渓谷から消えていった。しかし，サルミッシュ渓谷周辺も，他の渓谷と同じように灌漑農業技術の発達によって，新たな土地利用が行われ始める。渓流両岸の耕作可能な土地には，果樹園やブドウ畑が造られ渓谷内には水路も建設されて，高台でも果物の他にきび，ムラサキウマゴヤシ，大麦，マメ科の植物，野菜なども栽培されるようになった。人々は平野部の洞窟ではなく，渓谷内の岩場に住居を造り生活していた。当時，この地に生息していた野生動物は，自然淘汰によって絶滅してしまった動物もいるが，人間が絶滅に追いやってしまったものも多い。これらについては，ムヒディン・M 博士のサルミッシュ渓谷の岩絵をまとめた文献「レッドブック」に掲載されている。

サルミッシュ渓谷は，20 世紀初頭，人々の憩いの場であった。渓流の上流部では昼間，太陽が見えないほど木々が生い茂り，川の流れを包み隠していた。場所によっては泳げるほど豊かな水があった。当時この地を訪れた生物学者ボダノア（O. Bogdanov）は，渓流内に泳ぐ大きな魚の群に大変驚いたと著書の中で記している。

上流部では金が採掘され，採掘用および採掘者の生活用の燃料として周辺の木々を切り倒した。こうしたことが，サルミッシュ渓谷の砂漠化をさらに加速させた。自称「考古学ファン」の観光客がサルミッシュ渓谷を訪れ，土産代わりに岩絵を削り取って持って帰った。田畑はブルドーザーで均され，その後にトラック用の道路が建設された。ロイリク・ダムの建設が行われ，渓谷内には人造湖が誕生した。サルミッシュには，子供用のキャンプサイト・ゴルニー(Gorniy)がオープンし，現在ではウズベキスタンでも屈指の緑地となっている。

視点を都市に移すと，2001年10月に米国がおこしたアフガン戦争により，ウズベキスタン南部からアフガニスタン北部に作戦を展開する米軍，軍属，マスコミ関係者および他に対応するために，首都タシケントの宿泊施設が充実し外貨獲得にもつながったりするという皮肉な現象も起こしている。また，年々に充実度を増してきている各形態の宿泊施設に答えるためにも，従来のシルクロード一辺倒の都市，施設を中心とした観光に頼っていてはこの国における観光の将来の発展を妨げてしまうことになる。まだ開発されていない新しい観光ルート，観光資源を組み合わせて幅広い観光事業を創出，展開して行かなければ，経済の一翼を担う産業の地位を観光産業が得ることはできない。

(補) アフガン戦争（アフガニスタン戦争）は，1838年からヨーロッパ列強の利害関係に巻き込まれながら近年まで幾度もの戦争，内紛などを繰り返した歴史がある。今回は，米国の9.11同時多発テロ事件が背景となっているが，これも含めアフガン戦争と一般に呼んでいるところがあるが，正確には米国・アフガニスタンの戦争と呼ぶべきかも知れない。

3　シルクロード観光からの脱皮と挑戦

20世紀の中で偉大な国際的影響力を誇っていたソ連が崩壊して，地球上のいろいろな結びつき，政治的パワーゲームが一変してしまった。また，その強力な傘下にあった中央アジア諸国はイデオロギーから価値観まで急変して自由国家を基本とした地球社会の競争の下に組み込まれていった。10年を超えた独立国家としての歩みから，これからの各々の方向性を読み取れる段階に近づいたといえる。また，各国は国内の地域単位で産業振興を推進するべき指導もできるようになった。ここであげているナボイは，一昔前には重要産業都市ということで国家秘密となって地図上に載ってもいなかった。今だ，はっきりしたデータを把握することは困難であるが，民営化が進んだことでナボイの企業家連合と国際間のビジネス環境や研究機関の共同研究などが行える情況が整ってきた。その情況の中で，第1次産業の見直しや整備の他に観光・ホスピタリティビジネスの発展と拡大ということで，“シルクロード観光からの脱皮と挑戦”という冒険に取り組んでいる最中であり，成功，不成功に関わらず，この国における観光事業構想の模範と何らかの刺激になり観光・ホスピタリティビジネスの拡大につながれば幸いと考える。わが日本国としては，ODA を活用して空港を中心とした観光，交通のインフラ整備に相当な力を注いできた。また，ソフトの件では JICA（海外青年協力隊），他の機関，民間，またボランティアなどから日本語講師，ビジネスコンサルタントが派遣され観光ガイド，ホテル従業員の育成や一部の旧インツーリスト系観光事業従事者に対して再教育が施され，ビジネスの意識の改革がなされつつある。また，観光とビジネスの一般化とともに旅行者に安価で一定のレベルの宿泊を提供するということで，B&B 形式の宿泊施設の経営が銀行の個人貸付緩和を背景に定着してきている。また，前述したように戦争という皮肉が，欧（西側）米的なホテルビジネスの拡大をもたらしている。さらに，この研究を進展させ発展途上国観光・ホスピタリティビジネス支援の一策としての確立した観光事業構想論を説けるように努力を続けたい。

（補）この研究は，文部科学省の科研費を活用し，京都大学経済研究所（環境経済部門），東京農工大学，宮城大学とウズベキスタン共和国科学アカデミー，ウズベキスタン共和国教育省，国立サマルカンド外語大学との国際共同研究の一環として行ったものであった。とくに，今回の調査中のテロ防御に心痛された京都大学の塚谷恒雄教授と医療管理を担当した京都大学大学院生のナデール・ゴトビ医師には，この場をお借りして謝意を表する。

参考文献

井筒俊彦『イスラム文化』岩波文庫　1991 年
宇山智彦『中央アジアの歴史と現在』東洋書店　2000 年
加藤九祚『中央アジア歴史群像』岩波新書　1995 年
塚谷恒雄『環境科学の基本』科学同人　1997 年
淵の上秀樹『中央アジア管見』平成 13 年度年次報告書　2002 年
間野英二，中見立夫，堀直，小松久男『内陸アジア』朝日新聞社　1992 年

中央アジア研究所（CENTRAL ASIA RESEACH INSTITUTE）ホームページ
三橋勇「1990年代の中央アジアにおける市場経済の転換期の観光事業とその将来展望」『宮城大学事業構想学部紀要 2001』2002年
淵ノ上英樹，塚谷恒雄，ボリス・シャラトニン『キジルクムの自然，歴史，文化遺産』Kyoto Institute of Economic Research Discussion Paper, No.0303
CIS 統計委員会「UN 世界統計年鑑資料」

第５章　温泉旅館経営の現状と課題

第１節　温泉旅館と温泉

長年の歴史と文化的意義をもって存在し続けてきたわが国の温泉地，温泉旅館の多くは，現在，経営的苦戦をしいられ大きな転換期を迎えようとしている。現在は，温泉ブームといわれている。しかし，温泉旅館の多くの経営状況は長期低落にあり，この10年間で宿泊客の３割減はまだよいほうで，半減した例さえある。江戸時代からの連綿とした朝市もやめてしまったなどの話も聞かれる。バブル崩壊期に過大な設備投資を続けて苦境に陥ったままでいる旅館の存在，期待できない景気の状況がこれらを覆っている。一方，盛況の温泉地，旅館もある。この業界も他の産業と同じように地域間格差と業種内格差が進んでいるのが現状である。

宮城県鳴子温泉鬼首には１千年前開湯の温泉郷があり，その一帯は熱水位が高くいくつもの間欠泉が存在する。1975年には一般家庭3500軒の消費量に相当する地熱発電所が運転開始している。その地域を所管する地方事務所に筆者が勤務していた若い頃，訪ねてきた初老の男性からは，昔，親が鬼首の所有地で間欠泉を発見したがそのまま放置していたので埋もれてしまった。自噴するよう手当して敷地の公園化とあわせて観光スポットにしたい。ついては，行政の協力を願いたいとの申し出であった。その間欠泉が小学生の教科書に掲載されていたこと，別府温泉の実態を学んできたとの熱意に共感して現在では許されないことだが，隣接の沢が公共物であることを理由に全額公費で公園造成設計図を作成して提供したことがある。現在そこには「かんけつ泉」名の公園があり，敷地内で「弁天」,「雲竜」の間欠泉が生きている。温泉がもつ多様性のひとつである。

1989年は，日本経済のバブル崩壊がささやかれはじめた頃で，1992年前後には崩壊したといわれている。一方，温泉旅館の年間宿泊者数は1990年に初の1億4千万人台になり，1992年にはピークの1億4325万人を示し，反落する1997年の1億4030万人まで1億4千万人台で推移している。バブル崩壊による温泉旅館業への影響にはタイムラグがあったのである。

このような経済環境のなかで，大型バスを連ねての団体客は今後は期待できないし，売上は大幅に減少することが見込まれる。対策としては，個人客にシフトするその受け入れのための若い人材確保と育成，新しい理念と組織の確立，財務を補強する方策が必要である。

温泉旅館をめぐる経済環境はさらに悪化することが予想されるなか，活性化するためには，基本的な「温泉のメカニズム」「温泉の歴史」「温泉旅館経営の状況と課題」を知り，「温泉旅館の経営戦略」を考察することから始めなければならない。そして，とくに温泉旅館にとって，直面する大きな課題は，「温泉旅館の危機管理」と「人材育成」であると考えられる。本稿においては，これらのテーマを中心に論を進めたい。

1　温泉旅館の定義

本稿でいう「温泉旅館」とは，下記の (1) および (2) に該当するものをいう。

(1) 旅館業法（昭和23（1948）年法律138号）に規定する次のいずれかの施設で営業することについて都道府県知事の許可を受けた施設。※第２条２項（ホテル営業）「洋式の構造及び設備を主とする施設を設け，宿泊料を受けて，人を宿泊させる営業で，簡易宿所営業及び下宿営業以外のものをいう」

※第２条３項（旅館営業）「和式の構造及び設備を主とする施設を設け，宿泊料を受けて，人を宿泊させる営業で，簡易宿所営業及び下宿営業以外のものをいう」

（補）1. 施設が洋式か和式かは一般的に木造，鉄筋造，鉄骨造等の主な構造の相違及び外観，内装な

どの施設全体の雰囲気で判断されるが本稿では特に区分しない。「旅館」の許可を得て「ホテル」を名乗る例もある

2. 施設の所在地がいわゆる観光地の内外の別は問わない

3. 公衆浴場法(昭和23(1948)年法律139号)に規定する施設(銭湯, スーパー銭湯, 日帰温泉施設, レジャー施設内の浴場など)は除く

(2) 温泉法(昭和23(1948)年法律125号)に規定する次の許可を受けた者が, (1)の施設内で温泉を客に提供しているもの。※第3条1項(土地の掘削の許可)「温泉を湧出させる目的で土地を掘削しようとする者は, 環境省令で定めるところにより, 都道府県知事に申請してその許可を受けなければならない」※第13条1項(温泉の利用の許可)「温泉を公共の浴用又は飲用に供しようとする者は, 環境省令で定めるところにより, 都道府県知事に申請してその許可を受けなければならない」

(3) 日本標準産業分類(総務省統計局・平成14 (2002) 年)は, 温泉旅館を次のように分類している。

大分類　M―飲食店・宿泊業　　中分類　72―宿泊業

小分類　721―旅館・ホテル　　細分類　7211―旅館・ホテル

(補) 1. 分類の目的は, わが国のすべての経済活動を分類し, 各種統計の基盤にするもの

2. 「7211―旅館・ホテル」とは, 主に短期間(通常は日を単位とする)宿泊または宿泊及び食事を一般公衆に提供する営利的事業をいう

3. 具体的には, 旅館, ホテル, 宿屋, 温泉旅館, 割烹旅館, 国民宿舎, 民宿, モーテル, ビジネスホテルなどが挙げられる

(4) 中小企業基本法(昭和38 (1963) 年法律154号)は, 中小企業である場合の温泉旅館を次のように規定している。※第2条3項(中小企業者の範囲及び用語の定義)「資本金の額又は出資の総額が5千万円以下の会社並に使用する従業員の数が百人(注:旅館業は政令で2百人)以下の会社及び個人であって, サービス業に属する事業を主たる事業として営むもの」

(補) 1. この定義は, 国の支援, 金融などの際に利用されるものだが, 法人税法と金融上では多少の相違がある。

2. 中小企業のうち, さらに小さい事業者は小規模企業者とされる

2　温泉のメカニズム

温泉の成因と湧出のメカニズムは，約46億年前に誕生したといわれる地球の物理的現象に由来する。本質は地球物理学の研究によらなければならず，まだ，十分に解明されたといえないが，その概説を述べる。

(1) 温　泉

温泉の多くは，雨水，雪水，河川伏流水などが地球内部に浸透した地下水が相当の時間を経て，熱せられながら地球内部のガス，岩石鉱物質などを取り込んでふたたび地表に湧出した湯である。この時間は800年以上とする説もある。保水状況のひとつの概念に地下水盆がある。浸透，湧出を地球規模で見ればサイクルをなすことから温泉は「循環水」である。湧出は「自噴」または人工的「動力」による。

(2) 温泉の主な熱源

温泉の熱源は，世界での温泉の分布はもとよりわが国においても火山活動と密接に関係がある。火山活動が活発な地域では噴気が地表に現われ「地獄谷」などといわれる異様な地形，こげ茶色の岩肌などが見られる。登別温泉（北海道），大涌谷温泉（神奈川県），玉川温泉（秋田県）などが代表例である。

(3) 間欠泉

湧出の特殊な形態である間欠泉は，一定の周期で自噴するもので地下空洞の存在と地盤上昇がその理由といわれている。鬼首温泉（宮城県），上諏訪温泉（長野県）などで見られる。

(4) 温泉成因

具体的な温泉成因は，次のように考えられている。

①火山性温泉

火山地帯の地下，数千メートルから数万メートルには地球内部からマグマが上昇していて1000℃以上のマグマ溜まりを造る。これにより地下水が熱せられ，断層などの地下構造による湧出または動力による揚湯で地表に現われる形態になっている。

②非火山性温泉—深層地下水型

地球中心付近の温度は，4500～6000℃程度と推定され，地表からの深さとともに温度は上昇する。地下増温率理論によれば，地下３万m程度までは100m当たり約3℃増加する。地表の温度が15℃であれば地下1000mでは約45℃となり，マグマの存在がなくとも地下水は熱せられる。

③非火山性温泉—化石海水型

日本列島形成期の地殻変動やプレート活動によって海水が地中に取り込まれたものは化石海水と呼ばれる。この海水が地中に沈み込むにつれ高温高圧によって熱せられ４万から８万mで分離し，上昇したものと考えられる。火山がない地帯での温泉の湧出機構である。

3　温泉の定義・分類と利用の法制度

温泉の定義は温泉法に，湧出した温泉の分類と療養泉の定義は鉱泉分析法指針（環境省・平成14（2002）年）で規定されている。また，分析は温泉法第15条（温泉成分分析を行う者の登録）に規定する「登録分析機関」でなければならない。

(1) 温泉法による定義

第２条（定義）「この法律で「温泉」とは，地中から湧出する温水，鉱水及び水蒸気，その他のガス（炭化水素を主成分とする天然ガスを除く。）で，別表に掲げる温度，物質を有するものをいう」。別表によれば温泉法が規定する温泉とは，①湧出温度（温泉源から採取したときの温度）が25℃以上あること。②温泉水1kg中の溶存物質の総量（ガス性のものを除く）が1000mg以上あること。③遊離炭酸など18種類の成分のうちひとつでも規定量以上含まれていること。これらのいずれかひとつの条件を満たせば温泉である。

(2) 鉱泉分析法指針による定義・分類

この指針で鉱泉とは，①地中から湧出する温水および鉱水で，②多量の固形物質またはガス状物質もしくは特殊な物質を含むか，③泉温が源泉周囲の年平均気温より常にいちじるしく高いものであるとしている。また，温泉法の「温泉」には鉱泉を含むと定義している。鉱泉の成分は温泉法の別表と同じである。泉温の「著しく高い」とは地下水が一般的にその地域の平均気温より1～4℃高いが，わが国では国内一律に25℃としている。鉱泉は次のように分類される。

①泉温の分類

湧出時の温度による分類

		泉　温
	冷鉱泉	25℃未満
温泉	低温泉	25℃以上34℃未満
温泉	※温　泉	34℃以上42℃未満
温泉	高温泉	42℃以上

（注）温泉法では25℃以上のものを温泉（広義）というが，ここでは※印を温泉（狭義）」と定義している。

②液性の分類

湧出時のpH値による分類

酸性	pH3未満
弱酸性	pH3以上6未満
中性	pH6以上7.5未満
弱アルカリ性	pH7.5以上8.5未満
アルカリ性	pH8.5以上

③浸透圧の分類

温泉の化学成分が人体に吸収するときに浸透圧が影響するが，人の細胞液を基準にした鉱泉水の溶存物質総量と凝固点による分類

	（溶存物質総量・g/kg）	（凝固点）
低張性	8未満	-0.55℃以上
等張性	8以上10未満	-0.55℃未満 -0.58℃以上
高張性	10以上	-0.58℃未満

①から③までの分類は次のように温泉分析書の泉質名欄に併記される。

「等張性　中性　高温度」

④療養泉の定義

温泉の中でとくに治療の目的にできるものを「療養泉」とされる。鉱泉分析法指針が規定する療養泉とは，①湧出温度が25℃以上あること。②温泉水1kg中の溶存物質の総量が1000mg以上あること。③遊離二酸化炭素など7種類の成分のうちひとつでも規定量以上含まれていること。これらのいずれかひとつの条件を満たせば療養泉である。療養泉には泉質名をつけ，それに応じた適応症，禁忌症を掲げることができる。国内の温泉の多くは療養泉であるが，基準に満たないものは「温泉法の温泉」と呼ばれる。

⑤療養泉の泉質・分類

療養泉は，含有する成分により次のように分類される。

ア　塩類泉

溶存物質量が1000mg/kg以上のものをいい，次のように分類される。

○塩化物泉

主成分＝塩化物イオン：塩辛い味。石鹸がきかない。定山渓温泉（北海道），熱海温泉（静岡），四万温泉（群馬），別府温泉（大分）など。

○炭酸水素塩泉

主成分＝炭酸水素イオン：石灰質の沈殿物が生成されることがある。白浜温泉（和歌山），長湯温泉（大分など）

○硫酸塩泉

主成分＝硫酸イオン：鉄の沈殿物が生成されることがある。鳴子温泉（宮城），伊香保温泉（群馬），湯ヶ島温泉（静岡）など。

イ　単純温泉

溶存物質量が1000mg/kgに満たないが，泉温が25℃以上のものをいう。

○アルカリ性単純温泉

pH8.5以上のものをいう：肌がすべすべする。石鹸がきく。由布院温泉（大分），道後温泉（愛媛県），石和温泉（山梨）など。

ウ　特殊成分を含む療養泉

別に定める特殊成分を限界値以上含有し，泉温25℃以上のものを「特殊成分を含む単純温泉」とし，次のように分類される。25℃未満のものは「特殊成分を含む単純冷鉱泉」とされる。

○二酸化炭素温泉

炭酸味。肌の表面に小さい泡がつく。朝日温泉（山形），鹿の湯（長野）など。

○鉄温泉

赤褐色の沈殿物が生成。雲仙温泉（長崎），不老温泉（長野）など。

○酸性温泉

酸っぱい味。石鹸がきかない。鉄などの金属を溶かす。玉川温泉（秋田），蔵王温泉（山形），草津温泉（群馬）など。

○硫黄温泉

臭気がする。黄白色に濁る。登別温泉（北海道），酸ケ湯温泉（青森），白骨温泉（長野），黒川温泉（熊本）など。

○放射能温泉

ラドンが一定値以上含まれるもの。三朝温泉（鳥取），板尾又温泉（新潟）など。

(3) 温泉利用の法制度

温泉旅館が温泉を湧出させ客に提供するため土地を掘削しようとするときは，温泉法第３条（温泉の掘削の許可）の規定により，その温泉を実際に客に提供しようとするときは第13条（温泉利用の許可）により，それぞれ事前に都道府県知事の許可を受けなければならない。この温泉を利用する権利は，湧出地から引湯する権利も含めて「温泉権」という。

4　国民保養温泉地

温泉がもつ本来の効用を発揮させる目的で温泉地のうち，①泉質の効能が高い，②湧出量が多く温度が適当である，③温泉地の環境衛生がよい，④付近の景観がよい，⑤気候的に休養地に適している，⑥温泉に関する医療施設が整っている，⑦顧問医が設置されている，⑧交通の便が比較的よい，⑨災害に対する安全性が高い，などの条件を具備した温泉地は国民の健康と休養を図るためにとくに優れたものとして「国民保養温泉地」として，温泉法第25条により指定されている。

昭和29（1954）年の酸ケ湯温泉（青森），日光湯元温泉（栃木），四万温泉（群馬）の初の指定以降，現在91ヵ所の指定がなされている。

5　温泉分析書

登録分析機関が行った分析，検査の結果は「温泉分析書」にまとめられ温泉旅館はそれを温泉法第14条（温泉成分等の掲示）の規定により，都道府県知事に届け出たうえで旅館内の見やすい場所（通常は浴室の脱衣所）に掲示しなければならない。温泉分析書は温泉の戸籍と住民票である。なお，近年，温泉分析書関係で温泉法が次のように改正されている。

(1) 掲示項目に次の事項を加えること。（温泉法施行規則の改正・平成17（2005）年5月24日施行）

①温泉を加水して利用する場合は，その旨および理由

②温泉を加温して利用する場合は，その旨および理由

③温泉を循環させて利用する場合は，その旨（ろ過を実施している場合は，その旨を含む）およびその理由

④温泉に入浴剤等を加え，または温泉を消毒して利用する場合は当該入浴剤の名称または消毒の方法およびその理由

(2) 温泉成分の分析は，10年ごとに行うこと。（温泉法の改正・平成19（2007）年10月20日施行）

第2節　温泉の歴史

50万年前といわれる人類の原人誕生期の想像画では，よく二本足で直立す

る姿が描かれ，四方は，大地震の痕跡とたなびく白煙，遠方には火山噴火などが見られるのだが，そこからは地球の自然現象に人類が心底から畏怖したことが容易に読み取れる。

時代は下って，日本列島においても骨格形成後の１万年前ともなれば地殻変動の激しさは落ち着き，自然現象は恐怖ばかりではなく合わせて崇拝の対象にもなったであろうことが想像できる。人類が拠って立つ基盤は，水，大地，火，大気で，なかでも水は人類が河辺から誕生したように生命そのものであり，太古から万物を清める力を有することを知っていただろう。わが国には古来から，禊，沐浴，の言葉があるように，宗教の世界でも水は重要な要素として存在することを示している。とりわけ，温かく味もする水（温泉）は大きな治癒力もある。考古学上今だ未確定ではあるが，下諏訪温泉（長野）近くの縄文遺跡から出土した土器に温泉成分が付着していたらしいことから縄文人もすでに温泉に触れていた――儀式がらみの利用として――ことが想像できる。フランスの青銅器時代（紀元前3000年頃）の遺跡に残る湧出場は神が宿る場として崇められていたとされる。つまり，温泉は太古から，人間と神の間にあったのである。

1　古代・中世期

わが国の温泉が文献上に現われるのは８世紀前半が最初である。

三古湯といわれる，有馬温泉（兵庫），道後温泉（愛媛），白浜温泉（和歌山）などは，古事記（712），日本書紀（720），続日本紀（797）などに記述がある。道後，有馬温泉は万葉集（780）でも詠まれている。

この時代に発見され1000年以上の歴史があるといわれる温泉地のなかで，高僧の行基（668～749）が掘り出したのは作並温泉（宮城），蓮台寺温泉（静岡），東山温泉（福島），渋温泉（長野）などといわれる。空海（弘法大師・774～835）に由来するのは，法師温泉（群馬），修善寺（静岡），恐山温泉（青森）などとされる。これらの伝承は温泉の存在と効能が宗教によって広められたことを意味するのだが，庶民が温泉を入手したとはいえない。公家，武家，僧侶の支配下にあったのだろう。中世の終期，戦国時代には戦傷者を癒すための重要で戦略的に秘匿すべき温泉施設，隠湯が確保されるようになった。このことは，人々が，経験則で温泉のもつ効能の多様さを十分知っていたことを示す。武田信玄（下部温泉・山梨），上杉謙信（燕温泉・新潟），真田幸村（別所温泉・長野）が知られている。このほか，歴史上の人物や鹿，熊，鶴，猿などの動物が発見したと伝わる温泉はこの時代に多い。

温泉に関して，明確で豊かな表現をする古文書は，「出雲国風土記」(733) である。『……即ち，川の辺に湯出す。出湯の在る所は海陸（うみくか）を兼ねたり。（略）男も女も老たるも少きも，（中略）日に集ひて市を成し，（中略）ひとたび濯げば，形容端正（かたちきらきら）しく，再び沐（やあみ）すれば，万の病悉く除（のぞ）こる。古より今に至るまで，験を得ずといふことなし。故（かれ），俗人（くにびと），神の湯といふ。』（玉造川の近くに温泉が出ている。そこには男女老若の別なく，毎日人が大勢集まって楽しく賑わっている。この温泉で一度体を洗い清めれば容姿が美しくなり，二度入れば万病がすっかり治る。昔も今もその効きめは変わらない。そのため，土地の人は，神の湯という）

つまり，この書では玉造温泉（島根）は昔から出雲国造が朝廷に上京する前の身を清める神聖な場所であるが，人々の交流の場であり，宴の場であり，治療の場であり，おおいに楽しむ場でもあると記述している。この時代，この地では温泉が人々の手にあったのだろう。そして，人々はその効能を知り，神の湯と称したのである。

2　近世期

江戸時代は，わが国の温泉にとって大きな黎明期である。

その初期，徳川家康（1543～1616）は熱海温泉（静岡）に執着を見せ何度か湯治滞在したばかりか，湯を樽に詰めて江戸城まで運んだとの記録がある。家康が熱海に注目したのは，有馬温泉の源泉保護や環境整備に尽力した豊臣秀吉（1537～1598）に倣ったのかもしれないが，熱海温泉への熱意と利用は歴代将軍に続く習わしとなった。この結果，大名間にも保養の場としての温泉地人気が蔓延するとともに全国的に庶民にも温泉が浸透する契機になった。

江戸時代の医学，医療は東洋医学が中心であって，病気は五臓六腑の調和が崩れた状態であるとされた。治療は漢方薬が主で，鍼，灸が措置法であった。この時代背景のなかで温泉に着目したのが，江戸中期の医者後藤良山（1659～1733）である。良山は城崎温泉（兵庫）に着目し，湯治による温泉療法の途を開いた[(1)]。江戸期の先人の研究の成果は，温泉を庶民の側に引き寄せたばかりか温泉医学，温泉療法の学問として現代に通ずるものである。江戸期に開湯した温泉地としては，乳頭温泉，玉川温泉（秋田），鬼怒川温泉（栃木），薬師温泉（群馬）などがある。

江戸期といえば，観光に係わる人文資源として松尾芭蕉（1644～1694）の，「おくのほそ道」（1693・曽良本）での温泉に関する記述がある。飯坂温泉（福島）での地の文と山中温泉（石川）での句である。温泉ではないが江戸時代の庶民の湯に関わる風俗で町中の銭湯が混浴であったことを「なんと清らかな素朴さだろう？」と肯定的に驚嘆したシュリーマン（Heinrich Schliemann）[(2)]は忘れ去った日本文化を思い起させてくれる。シュリーマンの13年後に訪れた，バード（I Sabella L.Bird）[(3)]は，日光の温泉旅館の風情を「深い軒下に美しい正面があり，優美な縁側や提灯が並び……」と記した。

3　明治期以降

明治維新（1868）は，わが国の歴史上一大変革である。明治には時代が示す明暗のなかに維新人の気概と哲学があり，まぶしく見える世界である。社会の基盤には学制の発布，身分制度の廃止，職業自由の選択，自由な経済活動の確立があった。ここから温泉（業）を見ると経済の発展を背景に温泉需要の増大を受けた温泉施設の新設，規模拡大があった。この結果，掘削技術の発達とあいまって乱掘問題が生じた。多くの争いは温泉を掘削して利用すること，または湧出地から引湯する権利を物件とする今日の温泉権が確立する契機になった。

一方，明治初期，草津温泉を訪れたドイツ人医師ベルツ（Erwin von Bealz・1849～1913）は，その泉質と湯量の膨大さを評価し，世界に紹介するなど草津を支援した。ただし，国内の温泉研究は江戸時代にくらべて進展したとはいえない。明治期以後に開発された温泉地は，天童温泉（山形），箱根強羅温泉（神奈川），片山津温泉（石川），皆生温泉（鳥取）などがある。

この時代の特徴は，温泉地の浴場がそれまで旅館の外にあり，共同利用の外湯が中心であったが，旅館では内湯を設けるようになり，温泉地の形状が大きく変化したことである。湯治目的の客数と宿泊日数が減少し，食事も自炊から現代のような旅館提供が増加した。また，資本投下が進み別府温泉（大分），熱海温泉（静岡）などのような大温泉観光都市が誕生し，発展した。この頃では日本人の思想，感性も豊かになり文学でも温泉地（旅館）が舞台に登場するようになった。道後温泉本館（愛媛・夏目漱石『坊ちゃん』1906），湯ケ野温泉（静岡・川端康成『伊豆の踊子』1937），城崎温泉（兵庫・志賀直哉『暗夜行路』1921～37），熱海温泉（静岡・尾崎紅葉『金色夜叉』1897～1902）がある。特筆すべきは，田山花袋[(4)]である。国内の温泉地のほとんどを歩き，「温泉というものはなつかしいものだ」など全編に現代の温泉地（旅館）が失った数々があふれている。

昭和に入り，わが国の温泉地は，終戦，60年代の高度経済成長期（団体旅行の最盛期），オイルショック，バブル景気と90年代初期の崩壊など世間の景気に翻弄され今日に至っている。温泉地は，観光，歓楽温泉地と「日本秘湯を守る会」の尽力が大きい山間などの保養温泉地に二分される状況になっている。

第３節　温泉旅館経営の状況と課題

宿泊客の減少によって経営に苦慮している温泉旅館，そのために閉塞感につつまれている状況から脱却し，将来を考察するためには，現在の「源泉の状況」と「温泉旅館の経済環境」を直視することが必要である。

1　源泉数と湧出量

わが国の源泉総数は，2007年3月現在2万8154ヵ所あり，データを取り始めた1962年の1万3079ヵ所と比較すると，約2.2倍となっている。総湧出量は，毎分277万7000ℓで，データがある63年の93万ℓの約3倍になっている。自噴量は，82万2000ℓ／分で99年の89万4千ℓをピークにして，7年で約8％減少している。総湧出量に占める自噴率は30％前後で推移している。これらの状況は，増大する温泉利用が地域によっては枯渇対策を考えなければならないことを示している。北海道浦河町営の温泉利用施設が源泉に川水を導入していた例（1907年）は，枯渇が理由とされている。

2　大深度掘削の源泉

最近10年間の温泉取得のために得た新規の掘削許可件数は，年平均約400件である。ただし，02年から深度1000m以上のいわゆる大深度掘削の割合が増加しつつある。93年の単年度調査によれば，許可源泉総数が497件のうち，深度1000m未満が274件，1000m以上が223件だが，掘削によって周辺の源泉の湧出状況に変化があったのが40ヵ所。その内訳は，深度1000m未満が11ヵ所，1000m以上が29ヵ所である。大深度掘削は技術の開発とボーリング費用（地域，地質などの条件で大きく異なるが7～8万円／m）の比較的安価に支えられて今後も増加すると見込まれる。

大深度掘削は，既存源泉に限らず周辺地盤への影響の可能性も高いといわれている。都道府県知事の温泉掘削許可の前提としてのこの影響研究は緊急の課題である。

3　温泉地数などの現状と課題

(1) 温泉地数，宿泊施設数，収容定員数，宿泊者数など

わが国の温泉地数は，2007年3月現在，3157ヵ所。01年度にはじめて3000ヵ所を越えてから微増している。宿泊施設数は，1万5024軒で95年のピー

ク，1万5714軒から逓減の状況にある。収容定員数は，143万1千人で最近10年間で17%の増加。宿泊者数は，1億3708万8千人で，ピークの92年，1億4324万6千人との比では615万8千人の減となっている。

(2) 温泉利用の公衆浴場数

温泉利用の公衆浴場数は，7748ヵ所で，最近10年以上にわたり年340ヵ所平均で急増している。その始まりは90年に国が市町村に「ふるさと創生資金」として，交付した1億円を財源に市町村が造った日帰り温泉施設や大都市圏を中心に大深度掘削によるいわゆるクア施設の増加である。このことからは温泉そのものの需要は続いているといえる。旅行を伴う温泉旅館での温泉の楽しみ方から近場での温泉利用への変化がうかがえる。しかし，新規の掘削許可の急増は近隣の既設源泉や地下水の変化に対して影響を与える例から，大規模深度掘削の場合と同じで後述するように温泉法第4条（許可の基準）の整備が求められる。

第4節　温泉旅館の経済環境と課題

どのような事業でもその盛衰は社会の経済動向に大きく左右される。特に，サービス業である温泉旅館業は世の景気の影響を直接受けやすい体質の業種である。

1　宿泊稼働率

宿泊稼働率は，温泉旅館の客入り状況を表わす経営上重要な指標である。その動向は経済環境と相関するものである。とはいえ，2000年以降の傾向は，02年2月に始まった景気拡大期でもそのプラス影響は温泉旅館に及んでいない。輸出産業が押し上げている景気の影で内需が伸びず，したがって，温泉旅館における消費が低迷している実態にある。今回の景気拡大期がこれまでと異なって「実感なき景気拡大」といわれる理由である。この拡大期すら08年11月の「月例経済報告」の基調判断は「景気は，弱まっている。世界経済が一段と減速するなかで，下押し圧力が急速に高まっている」と後退した。経済史上最長の景気拡大期の後退は終焉の様相を見せつつ温泉旅館に計り知れないマイナス影響を与えるかもしれない。

2　景気指標

わが国の発表されている経済指標は，多様な経済活動が反映されているものであって，各省庁，金融機関，シンクタンクなど官民あわせて160種類に達する。政府の公式の景気判断は毎月の「月例経済報告」で発表される。温泉旅館が注目すべき景況感調査には，「景気動向指数・内閣府」「消費動向調査・同」「企業短期経済観測調査・日本銀行」などがあるが，中小企業に有効とされて

表 5-1　温泉旅館の経済環境

年度	宿泊稼働率(1)	景気ウォッチャーDI（サービス関連・現状）(2)(3)	経済・社会状況
1964	32		＊東京オリンピック＊東海道新幹線開通
65	39		＊いざなぎ景気・成長率10%
66	32		
67	35		
68	36		＊ GNP 世界２位
69	34		
70	34		＊いざなぎ景気終焉
71	35		
72	37		
73	35		＊第一次オイルショック
74	31		
75	30		
76	30		
77	30		
78	30		＊第二次オイルショック
79	29		
80	28		
81	28		
82	28		
83	28		
84	27		
85	28		
86	28		＊バブル景気・成長率5%

87	30		＊「総合保養地域整備法（リゾート法）」施行
88	31		
89	32		＊昭和天皇崩御＊平成元年＊消費税導入（3%）
90	32		
91	32		＊バブル崩壊＊失われた10年＊平成不況始まる＊雲仙普賢岳噴火
92	32		
93	31		＊ GDP世界一＊北海道南西沖地震（奥尻島）＊わが国初の世界遺産・「法隆寺・奈良」「姫路城・兵庫」「屋久島・鹿児島」「白神山地・秋田」
94	30		
95	30		＊阪神・淡路大地震＊「観光大学などの高等教育研究機関の設立による観光学の振興」運輸審議会答申
96	30		
97	29		＊消費税率改定（5%）
98	28		
99	28		
2000	28	39.0 ～ 57.0	＊特別地方消費税廃止＊有珠山・三宅島噴火
01	27	27.8 ～ 47.5	
02	27	34.5 ～ 46.6	＊今回の景気拡大始まる，拡大期間は06—10にいざなぎ景気の57か月を越えた。＊日韓ワールドカップ
03	27	35.6 ～ 54.6	＊「観光立国宣言」・「観光立国行動計画」策定
04	27	53.5 ～ 56.6	＊新潟中越地震
05	26	48.3 ～ 57.0	
06	26	48.2 ～ 55.6	＊ GDP世界18位＊「観光立国推進基本法」制定
07		34.5 ～ 57.4	＊「観光立国推進基本計画」策定 ＊能登半島・三重県中部・新潟県中越沖地震
08/1		34.5	＊経済財政政策担当大臣国会演説「今や，日本経済は一流と呼ばれる状況ではなくなった」
/2		35.4	
/3		41.0	
/4		38.4	
/5		34.9	＊岩手・宮城内陸地震
/6		30.3	
/7		33.0	
/8		31.9	＊月例経済報告の基調判断の後退「景気は，このところ弱含んでいる」
/9		30.2	＊アメリカ「リーマンブラザース」破綻による世界金融危機起こる
/10		27.3	＊国土交通省に観光庁設置 ＊月例経済報告の基調判断の後退「景気は弱まっている」
/11		25.9（過去最低）	＊月例経済報告の基調判断の後退「景気は弱まっている。世界経済が一段と減速するなかで，下押し圧力が急速に高まっている」

（注）1. 宿泊稼働率＝宿泊者総数／収容定員× 365

2. 「景気ウォッチャー調査」とは，多様な仕事をもつ国内の2,050人の調査による地域ごと，家庭動向，企業動向，雇用動向に区分した「景気の現状」と「景気の先行き」の判断を指標化したもの。DI・50が横ばいを示す。別名「町かど景気」

3. DIは「Diffusion Index」（景気動向指数）

出所：環境省「温泉利用状況データー」・内閣府「月例経済報告，景気ウォッチャー調査」・各種クロニクルから作成）

いる「景気ウォッチャー調査・内閣府」のサービス関連の指数は，低下しつつある。また，国内の景気が地域間格差，業種内格差が生じていることから，温泉地間，温泉旅館間の格差が内在し拡大していることも推測できる。さらに，近年の自然災害のうち特に地震災によって被る施設，設備の損害とともに長期の風評被害が経営悪化に追い打ちをかけている例がみられる。

3　宿泊業の倒産件数

温泉旅館を含めた宿泊業界の倒産件数は近年，高水準で推移し，02 年度をピーク（1998 年度指数 100 に対し 154.3）に一度沈静化したものの 04 年度から反転し増加を見せている。倒産の理由には一般的に，販売不振，新規事業の失敗，債務超過，連続する赤字決算などが挙げられるが件数の推移はその業界の現状を反映する。

4　宿泊施設の財務状況

(1) 売上金に対する借入金の倍数（借入金／売上高）

施設規模，地域の特性などを考慮しない一般的な借入金は売上の 2 倍以内とされているが，近畿は，全国平均を下回っているものの，関東甲信は上回り，中部，中国，四国が比較的高い。

(2) 平均借入金返済年数

1 施設当たりの借入金返済年数。関東甲信，伊豆箱根，中部，四国で 20 年を超えている。通常，サービス業で 20 年を超えるのは厳しい状況といわれている。

(3) キャッシュフロー比率（キャッシュフロー／有利子負債）

キャッシュフローは，純利益に原価償却費を加えたものをいう。借入金返済のために手元にある現金を示す。北海道，東北，関東甲信，四国，九州が全国平均を上回っている。

表 5-2　宿泊施設の財務状況

地域	①売上金に対する借入金の倍数（借入金／売上高）	②平均借入金返済年数	③キャッシュフロー比率（キャッシュフロー／有利子負債）
全国	1.6	17.8 年	7.7%
北海道	1.6	14.3	9.5
東北	1.7	13.7	10.3
関東甲信	2.1	21.6	9.0
伊豆箱根	1.5	23.4	6.8
中部	1.8	22.1	6.8
近畿	0.9	12.9	5.9
中国	1.8	19.8	7.0
四国	1.9	23.4	8.1
九州	1.5	15.8	8.0

出所：日本政策投資銀行「地域レポート VOL23」 2007 年

注

(1)　良山の研究はその弟子香川修徳（1683 ～ 1755）が継承し，わが国初の温泉医学書『一本堂薬選』（1734）を著わした。ここには「病気の元となる気の留滞を解消するのは温泉が一番」とするなどのほか，具体的な効能，入浴法，温泉の選び方などが記されている。庶民の温泉利用では「湯治」が定着し，期間は「7 日を 1 巡り」とし 3 巡りが標準とされた。入浴法については，『養生訓』の貝原益軒（1630 ～ 1714）も明らかにしている。さらに，江戸後期には宇田川溶庵（1798 ～ 1846）の化学書『舎密開宗』（1847）によって温泉分類，分析がなされた。（要旨引用・松田忠徳『江戸の温泉学』新潮社　2007 年）

(2)　H. シュリーマン（1822 ～ 1890）ドイツ生まれ。引用の一節は『シュリーマン旅行記清国・日本』（石井和子訳　講談社　1998 年）。明治維新 3 年前の 1865 年 6 月 1 日～ 7 月 4 日滞在。現代日本人が忘れ去った日本の文化，社会の原点を著わしている。ギリシャ神話の遺跡「トロイア」の発見者。

(3)　I. バード（1831 ～ 1904）イギリス生まれ。引用の一節は『日本奥地紀行』（高梨健吉訳　平凡社　2000 年）。西南戦争の翌年の 1878 年 6 月～ 9 月の間に東北・北海道を旅した。農村こそが日本の中心であるとし，山形県の米沢平野を「アジアのアルカディア」と評した。

(4) 田山花袋（1871 ～ 1930），群馬県生まれ。島崎藤村，国木田独歩と同世代の自然文学者。「日本温泉めぐり」（角川春樹事務所 1997）は，温泉地情緒，旅館の印象など微に入り細をうがつ旅行記である。

参考文献

直木孝次郎編『風土記』角川書店　1977 年

ウラディミール・クリチェク著（種村季弘訳）『世界温泉文化史』国文社　1994年
サイモン・シン著（青木薫訳）『ビッグバン宇宙論』（上・下）　新潮社　2000年
「鉱泉分析法指針」環境省　2002年
「温泉必携」日本温泉協会　2004年
『経済指標の読み方上・下』日本経済新聞社　2004年
『レジャー白書 2007』社会経済生産本部　2007年
『地域レポート』Vol.23　日本政策投資銀行　2007年
松田忠徳『江戸の温泉学』新潮社　2007年
日本温泉文化研究会編『温泉の文化誌』岩田書院　2007年
『観光白書平成20年版』国土交通省　2008年

第６章　温泉旅館の経営戦略

第１節　経営戦略の基本

本章では，前章の「源泉の状況」と「温泉旅館の経済環境」を踏まえて，その再生，活性化に向けて取り組むべき方向を考察する。ただし現実にはバブル期のような景気のよい再生はあり得ない。目指すのは活性化である。そして，秘策も特効薬もない。足下を固めることから始めるしかないであろう。

１　源泉対策

温泉は，温泉旅館にとって最大の商品である。しかし，非常に特殊な商品であって，在庫数確認や生産調整ができない商品である。さらに，地球がもつ天然資源のなかの地下資源である他の金属，非金属，エネルギーなどと同じで有資源であり，消費してしまえば再生が不可能な資源である。資源再生論は70年代のオイルショックを契機に議論され，現在の容器リサイクル法，家電リサイクル法などの制定があり，最近では，パソコン，携帯電話のレアメタルの回収につながっている。社会が資源について注目している状況で代替品もない温泉が地域差があるとはいえ，枯渇をうかがわせる現象を見せており，具体的で真摯な対策が求められるのは当然である。まず，地下にある温泉は長い歴史をもつ国民共有の財産であるとする認識が必要である。この意味で，未利用源泉数が全体の３分の１もあることは理由を問わず大きな財産の喪失である。湧出中止，バルブを絞るなどの措置は掘削許可した行政ではなく受許人の責任で行うべきある。

(1) 源泉の集中管理と循環濾過方式

温泉の効率的で有効な活用方策は，集中管理による配湯方式と循環濾過方式である。最近，温泉は源泉の「100%かけ流し」こそ命であると主張する人が多くなってきた。しかし，かけ流し以外は温泉ではないとするならば，かつて，スポイトで源泉を一滴入れたプールも法律上は温泉だと主張した自称温泉評論家と同じで暴論にすぎない。旅館が実態を周知し，利用するかどうかは客の選択にまかせるべきであろう。

集中管理，循環濾過方式は，源泉量が十分でない温泉地や今後心配される地域での現状追認であって，いくつかの条件がある。

①　源泉状態の点検

集中管理では，常に源泉の動水位（源泉水位の高さ），温度，成分の変化の状態のチェックが基本である。大きな変化があれば源泉の採取を制限することも必要である。

②　衛生管理の徹底

設備（特に視認できない機械器具，配管の内部，曲がり部），浴室，浴槽のメンテナンスによる徹底した衛生管理である。これらの多くは薬品を使用しなければ安心できない。デッキブラシでこするだけの掃除の仕方をよく見かけるがほとんど意味がない。泉質別に洗浄力と殺菌力のある薬品を利用すべきである。

後述するレジオネラ菌の予防は掃除が全てである。温泉施設での事故は表6-1のとおり。

③　源泉量の収支計算

それぞれの旅館での源泉集中管理による配湯量と，定員数との相関の確認が必要である。1人当たりのかけ流しに要する源泉量は，外気温に左右されるものの，0.5～0.6ℓ/mである。定員100人では，50～60ℓ/mが必要量である。有効利用には旅館ごと浴槽ごとの温泉量の収支計算が必要である。さらに，浴槽内の容積と入浴客とのバランスの点検が必要である。今ではあまり機会の少なくなった定員全員が入浴できるようなバブル期の，大浴槽をもち，一方では源泉不足を嘆くようなことは本末転倒のことである。浴槽の容積減を図るべきである。

(2) 温泉掘削の許可

このことは行政庁のことで，温泉旅館の直接の課題ではないと思われがちだが温泉が持つ，現状の重要な一面として知らなければならない。

温泉を湧出させる目的で土地を掘削する場合，温泉法第３条（土地の掘削の許可）は都道府県知事の許可を受けなければならないとし，第４条（許可の条件）では，その掘削が「温泉の湧出量，温度，成分に影響を及ぼす」「公益を害するおそれがある」ときと「申請者に欠格要件がある場合」以外は許可しなければならないと規定している。知事が不許可にする理由は限定的に列挙されているのである。

最近の不許可処分に関して，2006 年８月 31 日，東京高等裁判所（18（行コ）72 号・06 年９月 15 日確定）が，地元企業のＳ社がした群馬県みなかみ町内の温泉掘削申請を不許可にした群馬県の処分について違法性があるとして取り消した前橋地方裁判所（16（行ウ）３号）の判決を支持した判例がある。

①　申請内容

ア　申請の場所は，水上温泉 10 ヵ所，谷川温泉 22 ヵ所のそれぞれの既存源泉から水平距離で 1400m 以上の距離を確保（証拠書面では既存源泉間の距離は 1000m 以内）。深度 1600m。

イ　専門機関による事前環境影響調査書添付。

ウ　県が求めた既存源泉所有者からの同意書は必要数 48 件のうち３件添付。

②　群馬県の不許可の理由要旨

ア　群馬県温泉指導要網，温泉審議基準に従い，温泉審議会の審議を受けての不許可処分である。

イ　事前環境影響調査および既存源泉所有者との調整が不十分。

ウ　地元のみなかみ町長の意見も 3000m の距離を必要としている。

エ　既存源泉への影響が大きく温泉法の精神である地域全体の公共性に反する。

③　前橋地裁の判決要旨

ア　温泉法が規定する他に「影響を及ぼす」とは，客観的で科学的な根拠を要するもので本件不許可の理由には認められない。

イ　地域全体の利益を考慮するための同意書がないことで不許可にすることはできない。

ウ　温泉法第４条の精神は，各号に該当する場合に不許可にできるとするものであって，本件不許可の理由はそれに反する。

判決から温泉旅館が学ぶべきことは，現在の温泉権が将来にわたって完全に保護されるものではないことである。

温泉を採取するための掘削による，湧出の方法，状態によっては近隣に悪影響がある以上，その新規の掘削や既存の源泉でも湧出量に制限があって当然だろう。ただし，行政庁の恣意的判断であってはならず，前記判例のように科学的根拠が求められる。また，温泉法に求められるのは行為の制限規定以外にも，慣習法上の物権である温泉権関係の整備と温泉定義が温泉法と鉱泉分析法の二重構造の整理である。

2　温泉情報の提供とマナーの周知

温泉の成分，禁忌症，入浴上の注意などの掲示は，温泉旅館にとって義務規定であって，掲示をしなかったり虚偽の掲示をした場合は罰則がある。その内容は，源泉から旅館内の浴槽までどのように導いているかを周知すべきである。脱衣所での表示ばかりではなく客室，ホームページ，パンフレットでも周知することが大事。また，温泉分析は浴槽ごとに行うべきであるし，10年に一度の分析とする法定の期間設定には疑問がある。源泉の変化に対応するにはせめて，３年に一度が妥当とする説がある。2004年に発覚した入浴剤混入や井戸水を温泉と偽った温泉虚偽表示例は，温泉旅館の最大の商品に対する認識が欠落していたのだし，旅館が組織としての体をなしていなかったことに，すべての原因があったのである。

住宅条件がよくなったせいで町中の銭湯が消え，入浴マナーを知る機会がなくなったためか，温泉でかけ湯をしないばかりかタオルをまとったり水着で入浴する若い客を見かけたことがある。入浴常識は温泉利用法以前のものとして旅館が周知すべきである。テレビ撮影のため浴槽内でゲームをさせるような旅館は旅館ではない。

第２節　温泉旅館の活性化

現在のわが国の温泉旅館の課題は，多くの地でみられる温泉地と表裏一体となった営業不振であることは前に述べた。それも温泉地間の格差，旅館間の格差を抱えながらである。

これを打破しようとして，国をはじめ地方公共団体，各種の観光機関，団体，企業がさまざまなアイデアの下に実験，対策を繰り返している。イベント，キャンペーンを契機にうまくいっている温泉地もあれば大金を投じながら 2, 3 年で元の木阿弥になってしまった地域もある。最初からあきらめて静かに俯いている所もある。

営業不振には当然理由がある。最大の理由は，時代，業種，企業の大小にかかわらず販売不振だが，それには，景気変動，消費パターンの変化，代替品の出現があり，これらは，温泉旅館をめぐる状況にすべて当てはまる。景気変動については表 5-1 のとおり。消費パターンの変化は温泉客ニーズの多様化，代替品は日帰り温泉施設の急増である。また，ときに顕在化するのは経営方針の問題がある。①資金量とタイミングがあわない設備投資，借入金依存，②採算無視の事業規模拡大，③経営者の公私混同による浪費，ズサンな経理などがある。

現在の状況での具体策は，「自己点検」および今の時代の「景気の流れを読む」である。収支のバランスを崩してまでの低宿泊料金の設定は対策ではない。

1　自己点検

自己点検によって見えてくることは，①その旅館の体質改善による責任の所在の明確化と組織の見直しであり，外部視点での，②立地する地域でのあるべき位置の確認による地域との共生である。

不良債権化した温泉旅館はこの視点がないことに加えて経営者が労働基本法や経済指標も読まない，再建策は資金繰りに走り金融だけをたよりにする共通点をもっている。たしかに，温泉旅館の多くは古い時代に創業したせいか雇用も前近代的で客観的な自己点検も不十分なのはやむを得ないだろうが，それでは再建はできない。

(1) 旅館の体質改善

① 最初に営業，企業理念を制定し，従業員，経営者共通のモットーを確認すべきであるが，よく見られるように額縁に入れて飾って置くだけでは意味がない。それを生かし，具現化するために10年程度の「長期年次経営計画」を作るべきだ。ポイントは，経営者が自ら書くこと，計画数値と項目間には整合性があること，去年の売上実績が100だから今年は110とする何の脈絡もなく期待だけの計画は無謀という。装置産業といわれる温泉旅館が莫大な投資をするのに，バブル期のように理由のない情報や経営者が他を見てきての思いつき投資を避けるためにもこの計画は重要である。また，毎年ローリングし，見直し点を確認し，対策をたてることである。ここで忘れてならないのは，どのような理由があっても達成できない責任のすべては経営者にあることの明記とその姿勢を示すことである。

② 組織としての旅館の従業員は，「年功賃金」「終身雇用」であるべきだ。バブル崩壊前後わが国の企業は，ブームのように「成果主義」「能力主義」に踊らされた。それが今，最初に導入したといわれる大手のIT企業F社を始め，多くの企業で廃止や見直しの傾向が出てきたのは，さまざまな矛盾が生まれ，経営者が目論んだ経費削減に効果があがるシステムではなかったためで，揺り戻しの状態になっている。

従業員は賃金の多寡だけで働くものではない。次から次への新しい業務によるスキルアップが意欲向上の方法である。経営者の労務管理とはこのことと従業員の適材適所をさぐることである。

(2) 組織の見直し

① ほとんどの温泉旅館には「女将」が存在し，旅館では女将は不可欠の重要な存在である。日常的には女性の論理と感性で運営される温泉旅館は女将の腕がそのまま旅館の評価につながり，女将あっての旅館と極論されるときもある。それはそれで評価されるべき存在だが，経営者の真の補佐役として加えるべき職種がある。なぜなら，女将は経営者の配偶者であることが多いから経営上のナンバー2であり，実務上のナンバー2でもある。この普通の組織には見当たらないひとりで組織のスタッフ（参謀）とライン（部門）の両方のナンバー2として存在することが同族経営のリスクと限界を背負うからである。ここに子弟が加われば，馴れ合い組織になってしまう。組織の活性化，成熟は常に第三者の目に晒すことでしかあり得ないのだから活性化などとうてい期待できない。

求められるのはバイプレーヤーとしての「番頭」である。明治期の企業の番頭や歌舞伎の黒衣のイメージである。あえてトップの右腕，補佐役として実質のナンバー2として組織に存在する人間の意味である。大切な条件は同族であってはならず，あえてトップと対極の立場に立つこともできる能力と感性，旅館の全体像を把握し実務のすべてに精通し，混乱，緊急時に強いイニシアティブを発揮できる人材である。

② 従業員数が10人足らずの旅館でも，予約，経理会計，接客（フロント，仲居），調理，業務などの担当に分けるのが通常である。ある客が館内で従業員に，「ここの温泉の効能はと聞いたところ担当ではないので分からない」といわれたと憤慨していた。いまでも見かける役所の窓口のようだが笑えることではない。組織の作りが悪い。誰しも担当を決められれば，その仕事の範囲は自分で勝手に縦に切る。担当を区分する組織の避けがたい弱点だが，客からのクレーム，仕事の失敗はこの隙間から発生する。対応は担当領域のクロスオーバーだが，本来的には，全員が何でも担当できるようにするべきである。そのためには，経営者も従業員も同じ質と量の情報を共有し，いつも旅館全体の意

思を統一することと人材育成の実現につきる。

(3) 地域との共生

最近よく「地域との共生」という言葉を聞く。しかし，いつからか社会現象の実態は，地方も都市も同じで，そこは共生の場としての存在感を失い，人々には協調して生きる意識はうすい。

このような状況をまねいた最大の理由は，戦後の国策の中心であった日本列島の平準化である。日本経済の復興を目的とする時代の要請であったが，そのための地方拠点都市と物流の拡大を目指した陸上，海上交通網の整備が，日本人が培ってきた町（地域）を破壊した。それに増長したのが，機能，利便性追及の都市計画である。近年の都市計画論は，ニュータウンの造成やマイカーを中心にした交通手法から伝統的町空間重視へ主流が移りつつある。その意味で「地域における歴史的風致の維持及び向上に関する法律」(2008（平成 20）年法律 40 号。08 年中の施行予定）の制定は注目すべきである。それにしても，これまでに失ったものはあまりに大きい。つまり，町，集落から「鎮守の森」(地域のシンボル）を喪失したからである。

地域との共生とは，経済的なうるおいだけを追求するばかりでなく，地域がそこで生活を営む人々にとってはごく当たり前の日常の場でありながら，歴史や文化の光を与えれば人々が共通して持つ誇り得るかけがいのない財産としてのシンボルの発見から始まる。

鎮守の森を発見し，育成するのは人間である。連携した人間力である。何はともあれ温泉旅館が中心になり，このネットワークづくりが先決である。居住地であるふるさとに魅力を感じる心のある一般住民や多様な業種の営業者が多いほど強い力を示す。一般住民には主体性を，異業種との交流には多様性を期待できる。旅館に求められるのは，客を旅館内に取り込んで館外での飲食や土産品の買い物も館内で済ますように仕向ける営業方策をやめることである。

忘れてならないことは「現状と原因の解明」「具体的目標の設定と方法の確立」と「結果の点検と対策」である。つまり，温泉地，旅館の「活性化」とはどのような状態をいうのか具体的に形成しなければならない。これらの項目にしっかり対応することでよくある成功している地域のモデルを単に真似することは避けられる。

「活性化」を内面的に支えるのは何にでもトライする熱い心だが，虚心に学ぶ，勉強する姿勢こそ大事である。温泉地の内外に波及し，面白いのは，数が増えて多少斬新さは薄れたが「ご当地検定」を主催することである。このルールや問題づくりが多面的に地域を知り，温泉地内外によい波紋を投げかける契機になる。

(4) 発想の方向

「逆さ地図」と呼ばれる地図がある。正式には「環日本海諸国図」のことだが，日本列島の南北を逆さにして大陸からみた地図である。日本列島はユーラシア大陸の東端に位置し，日本海は大陸の内海で，ロシア，中国，朝鮮半島は身近な対岸にみえる。富山県が作成したこの地図が指し示しているのは，暗示的である。つまり，温泉旅館の活性化に当たって求められているのは「既成概念の打破」と「逆転の発想」である。

2　景気の流れを読む

温泉旅館をめぐる経済環境については，ここでは旅館の営業施策に反映させるべき景気の流れを読むための指標について述べる。

(1) 景気ウォッチャー調査（毎月発表／内閣府 HP：http://www.cao.go.jp/）

この調査の特徴的なことは，景気判断について指標ばかりではなくウォッチャーの判断理由のコメントが付記されることである。

ある温泉旅館がコメントを分析するなかで，他業種の「よくなっている」とのコメントを読んでセールスしたところ成功した事例や「よい物は高くても売れる」とのコメントから 10 万円台の商品を前面に据えたところ今ではそれが中心価格帯になった（北海道・時計店）例など限りなくあるように，営業施策，設備投資，高額備品購入のタイミングを図るためには有効な情報である。コメントにはなぜそう判断したかという理由が含まれることが多いからである。

温泉旅館がチェックすべき最近のコメントは以下のとおりである。

「物価上昇の天井がみえないため客は工事費があまり上がらないうちに発注しようと考えている様子だ（東北・建設業）」

「8，9月は前年並となる見込みであるが，10月以降の伸びがない。岩手・宮城地震でキャンセルした客は徐々に戻ってきている（東北・観光型ホテル）」

「夜の宴会，会食の来客数がここ，2，3月で前年比で急激に減っている。バーの営業も飲酒運転の厳罰化などで前年から30％落ちているのでやめようと思っている（北関東・都市型ホテル）」

「タスポにより，たばこの置いてある店は150％，他の商品も数％増えている（南関東・コンビニ）」

「よい物は相当高額でも売れる（北陸・贈答品店）」

「原油価格が少し落ち着いてきているものの，先行き不安からいまだ安近短の旅行に変わりはない。海外旅行は，燃料サーチャージはまだ上がり続きそうなので対応策が見えない（北関東・旅行代理店）」

「事故米をはじめとした食品原材料に係わる事件や事故が消費者の購買意欲を低下させていいて，受注量が減少し，非常に厳しい状況にある（北海道・食料品製造業）」

「宿泊部門では，米国の金融危機による影響で欧米のほかアジアからの観光客も減少している（近畿・都市型ホテル）」

「中国産食品問題で国産志向の高まりが一段と強くなっているが，飼料高騰などの要因で原料の手当ができず需要に対応ができない。チャンスロスを招いている（九州・農林水産業）」

「急激な円高により，ユーロ，ドルが下落し輸入ワイン，特にフランスワインが安価販売されはじめたので国産ワインは窮地に追い込まれている（中国・食品製造業）」

(2) 景気の補助信号

「景気」という概念は，経済活動に人間が係わることから気分的な要素も重要な働きをする。したがって，曖昧な雰囲気，気分といったものに景気がある程度左右されるところがある。タクシードライバーや居酒屋の世間話もこの種の情報である。

ア　景気がよい（よくなる，よい方向に踏み出す）

・巨人や阪神のような人気チームが優勝する
・人生の応援歌が流行る
・純愛物のドラマが流行る
・ホームレスの数が少なくなる
・桜の開花が早く，満開までの日数が長い
・大相撲の懸賞本数が多い
・子供の歌がヒットする
・夏熱く，冬寒い（四季がハッキリする）
・甲子園にアイドルが生まれ，盛り上げる

イ　景気が悪い（悪くなる，悪い方向に踏み出す）

・強い女性や戦う女性のドラマが流行る
・少女漫画が流行る
・世界的スポーツ大会の TV 視聴率が低い
・巨人が出ない日本シリーズ
・スギ花粉が多い
・自己破産申立件数が多い
・ホームレスの数が増える
・放火が増える

3　温泉地が志向すべき方向

温泉地，温泉旅館には，それぞれ特有の事情と環境があるが，共通する方法として，次のことが挙げられる。

(1) 温泉療養との融合

前章の「温泉の歴史」において，わが国の温泉は，江戸時代において現代医学に通じる学問として成立し，その結果，温泉が庶民のものとして成立したことをみた。しかし，多くの温泉地の現実は，高度成長期やバブルなどの経済成長のあおりと，西洋医学一辺倒の世の中において，湯治場や保養的要素の強かった温泉地から観光，歓楽温泉地として変貌した。つまり，温泉のもつ本質を放棄した温泉地が国内に蔓延したのである。

厳しい経済環境にある今こそ，温泉地の本来への回帰の絶好の機会であるが，目標とするのは高齢者，現代病にも資する療養のできる温泉への道である。このことでまだ不十分な団塊世代の消費活動の刺激と連泊が期待できる。具体的には絶大な存在感を示す，「国民保養温泉地」と，わが国の温泉そのものを守ってきた「日本秘湯を守る会」200 軒の温泉への信念を学ぶべきである。

(2) 企業間，異業種間連携

温泉旅館の弱点は，地域人口の減少と高齢化の状況でその求められる活性化の基盤になるべき，ネットワーク，情報の不足，資金の不足，である。たしかに温泉組合のような組織はあるがその多くは源泉の共同管理が主な目的とするように限定的であったり，親睦的性格が強いものである。資金については近年，政府系金融機関や地域金融機関の支援策がメニュー化されているが現実には困難な条件がある。そのためには，企業同士の連携が有効な対策で，とくに，異業種との連携は考慮すべき手段である。また，努力を重ね英知を結集しても業績悪化が続けば温泉地内の旅館数の適正数の判断も求められる。

最近，日本政策投資銀行による「東北における６次産業クラスター化戦略」は東北を越えてどの温泉地も注目すべき提言である。これは，農業，食品製造業，観光産業について，①生産者側の現状手詰まり感，先行きの不透明感，②農，食，安全を核としたマーケティングの戦略の必要性，③観光・域内人口減少子高齢化・グローバル化の中で，未来を見据えた新戦略の必要性，を問題意識として，アイデンティティを活かした高価値の商品の開発と発信の提言である。関連産業の1次産業×2次産業×3次産業＝「6次産業クラスター化」という。温泉旅館にはヨーロッパが発生とされるグリーンツーリズムを念頭においた参画が求められている。

(3) 温泉地や温泉旅館の留意点

近年，地方大学で観光系学部や学科が増えている。契機は1995年6月運輸審議会答申「観光大学など高等教育研究機関の設立による観光学の振興」なのだろうが，カリキュラムにも工夫があって，茶道，華道，伝統芸能を加えているところもある。しかし，学部，学科名と卒業生の意識が大手のホテル，旅行業者に向いている実体から思うのは，地域が求めている「地域プランナー」を育成する地域活性（再生）学がないことである。これは，地域文化を継承し担う高校教育にも取り入れるべきである。

食材について地産地消がいわれている。消費者の立場からは入手方法としての流通，安定した供給量の確保，価額が課題である。

わが国の現行の法令は2008年3月現在，憲法を最上位に6937件ある。温泉旅館をめぐる法令数は50件を下らない。その中で温泉旅館が問題視すべきなのは，①「風俗営業等の規則及び業務の適正化等に関する法律（風営法）」と，②地方税法に規定する「入湯税」である。前者の立法精神は主に性風俗営業を規制するものだがコンパニオンなどを入れるシティホテルは適用外であるものの，温泉旅館は対象とされている。わが国の文化を継承する立場にある温泉旅館を貶しめるこの法は喉元の刺である。

後者は，旅館が預かり，一括して市町村に納付するものだが，使途が限定（源泉の保護，環境衛生，消防施設など）される目的税であるにもかかわらず使途明細を公表しない市町村が多い。明確にさせるのは旅館に納付した客への責務である。また，入湯税納付の遺漏が問題になっている温泉地がある。場合によっては温泉虚偽表示以上の違法行為として責任を問われることもありうる。

温泉旅館の営業施策上および管理上の課題は，①旅館は多人数が利用する一定地域に存在するのだから，その空間を整備する概念であるユニバーサルデザインから発想する旅館内外のバリアフリーは高齢化時代にあって緊急に対応すべきである。②安易な宿泊拒否を引き起した事例がある対応としての旅館業法，身体障害者補助犬法および健康増進法のマスターは旅館の最低条件である。③レジオネラ対策としての塩素投入は，厚生労働省の規定だから現状はやむを得ないことだが，温泉旅館としてはそれで解決したものと思ってはならない。押しつけられ対応ではなく業界独自の研究が求められているのが現状である。

第３節　温泉旅館の危機管理

温泉旅館には不特定多数の客が出入りすることから，時には予測のできない事件や事故が起きる。それは，旅館に直接の責任がある施設，設備の不備が原因であったり，食中毒であったり，第三者による盗難，火災，の場合がある。客の失火が原因の火災もある。

旅館はともするとこれみよがしの施設や設備，料理など，客に直面する部分を重視しがちだが，どれほどよい旅館と評価されても一度でも事故，事件を起せば長年の信用は一瞬で失う。旅館に過失があれば民事か刑事または両方の責任を負わなければならないときもある。ひいては，旅館の存亡の危機を迎えてしまう。責任の重さに耐えられず業界から撤退した旅館もある。

旅館の使命の一番目は客の生命と財産を預かり守ることであることを忘れてはならない。

事件，事故防止策の究極は，注意力，想像力を養うことである。そのためには旅館内外の正常な状態を知ることである。正常が分からなければ異常はわからないのだから。

具体的な対応は，判例，事例から学ぶことが多い。

なお，下記の事例以外に温泉法改正の契機になった，2007年6月の都内の温泉施設で発生した可燃性天然ガス事故，山間温泉地での硫化水素ガス事故，雪崩事故などが発生しているがいずれも防止策の基本は共通する。

1　施設，設備に関する危機管理

施設，設備が原因する事件，事故は，その施設などそのものに欠陥がある場合（強度不足の建物，開閉できない非常口，手摺のない階段など）と維持管理が不十分，不注意が原因で起きる。

1　酔客が観光ホテル8階の大浴場から転落死した事故でホテルに責任が認められた事例（1979（昭和54）年・福岡地裁（一部認容，一部棄却，確定）・判例時報934号）

Yホテルに泊まった団体客Xの次男Aが宴会後，8階の展望大浴場に入浴し，開いていた幅1.26mの大窓から外側のコンクリート製の奥行0.88m，高さ0.4mの外壁に出た際に，バランスをくずして24m下に転落死した。この事故についてはXは，ベランダの構造に瑕疵（かし・欠陥）があったとしてYに損害の賠償を請求したもの。Y側は今までこのベランダへ客が出たことはないので予想できなかったとし，Aは隣接の女性大浴場へ行こうとしたのであって事故の責任のすべてはAにあると主張した。

判決は，①ベランダへの出入禁止の標識がない，②ベランダへの大窓が開いていたので酔客は出る可能性はあった，③コンクリート壁の高さ0.4mでは転落する恐れがあった。として，ホテルに請求額の50％の支払いを命じた。

この判決からの教訓は次のとおりである。

①　危険か所の点検と事故発生の予見力をみがく

②　危険か所は物理的に措置する。事例の場合，窓は開閉できないようにする

③　危険か所にはその旨の表示をする。事例の場合，「出入ご遠慮ください」の表示が必要である。

2　レジオネラ事故対策は次のことの実行である。（「レジオネラ症を予防するために必要な措置に関する技術上の指針」2003（平成15）年・厚生省告示264号参照）

①　エアゾル飛散防止のため，あわ発生装置，ジェット噴射装置の空気取入口は土ぼこりが入らない装置の構造とする。

②　打たせ湯，シャワーは循環湯を使用しない。

③　浴槽水は少なくとも１年に１回以上水質検査を行う。

④　浴槽水は最低１週間に１回以上，完全に換水する。

⑤　循環風呂でのろ過器，配管（とくに，接続，曲部）のしっかりしたメンテナンスを実施する。特に，「ろ過器」内は最も汚染されやすいので１週間に１回以上排出し，集毛器は毎日清掃する。

⑥　浴槽水の消毒には塩素系薬剤使用が一般的だが，濃度は入浴者数，薬剤の注入速度などで大きく変動するのでひんぱんに濃度を測定する。濃度は1ℓにつき0.2～0.4mg程度に保ち，最大で1.0mgを超えない。塩素系薬剤注入はろ過器の直前に行う。

表6-1　レジオネラ事故発生例

年月	場　所	事故内容
1996-7	石川県加賀市　片山津温泉	1人感染，死亡
1998-5	東京都　特別養護老人ホーム	12人感染，1人死亡
2000-3	静岡県掛川市　リゾート温泉施設	23人感染，2名死亡
2000-6	茨城県石岡市　市営入浴施設	45人感染，3人死亡
2002-1	東京都　公衆浴場	1人感染，死亡
2002-7	宮崎県日向市　3セク温泉施設	295人感染，7人死亡
2002-8	鹿児島県東郷町　町営温泉施設	7人感染，1人死亡
2003-1	石川県山中町　温泉施設	1人感染，死亡

出所：厚生労働省　2004年

2　火災事故に関する危機管理

温泉旅館にとって万一発生したときの被害の大きさや直接人命に係わることから，火災防止も重要な課題である。

国内の火災発生件数は，過去6年の年平均は約6万件。原因別では放火が7900件（放火の疑いを加えれば1万3700件），たばこが6300件に達している（消防白書）。旅館，ホテルの大火災事故は表6-2のとおりである。

防火の主眼はこの放火とたばこの原因の排除であるが，具体的には客への注意喚起と従業員の意識向上である。このためには①責任者の研修・客への避難経路の案内，②火の元別および避難経路別のチェックシートの導入，③旅館外の可燃物の処理などが有効である。また，法定の消防設備の点検と従業員に対しては定期の避難訓練とともに1日に一度，「今，非常ベルが鳴ったとき自分はどのように行動しなければならないか」のイメージトレーニングを常態化されることである。万一の場合に大事なことは館内放送であるが，混乱を恐れて情報を現実より過少に周知してはならない。

寝たばこが原因とされる，1982年のホテルニュージャパンの大火災の背景（スプリンクラー，防火区画，警報回線の切断などの消防設備の不備と不十分な消防訓練など）には，経営者の防災意識の欠如があったとして，経営者が刑事責任を問われ実刑が下されたが，決して対岸の火事にしてはならない。

表6-2　旅館・ホテルの火災例

出火年月日	出火場所	事業所名	死者数	出火原因
1969年	福島県郡山市	磐光ホテル	30	石油ストーブ
	石川県加賀市	白山荘	—	不明
1971年	和歌山県和歌山市	寿司由桜	16	不明
1973年	兵庫県神戸市	坂口荘	6	たばこの消し忘れ
1975年	大阪府大阪市	千成ホテル	4	不明
1978年	愛知県半田市	白馬	7	不明
1980年	栃木県藤原町	川治プリンスホテル	45	アセチレンガス切断機の火花
1982年	東京都千代田区	ホテルニュージャパン	33	たばこ
	富山県庄川町	庄川温泉観光ホテル	2	不明
1983年	山形県山形市	蔵王観光ホテル	11	不明
1986年	静岡県東伊豆町	大東館	24	ガスコンロによる長期低温加熱
	静岡県河津町	菊水館	3	不明
1988年	大分県別府町	ホテル望海荘	3	たばこの火の不始末
1994年	福島県福島市	若喜旅館本店	5	不明

出所：『消防白書』 2006年

3　自然災害に関する危機管理

自然災害には，地震，火山爆発，高潮，台風，異常低温などがあり，時折，温泉旅館も被害を受けることがある。地震ではいわれのない風評が立ち経営に大きく影響するときもある。

これらの対策としては，発生したときの対応手順，非常用備品の準備，搬出物のマーク，避難経路と避難場所の設定，旅館周辺の危険箇所の点検は最低限とっておくべき対応である。特に地震は，中央防災会議が発表したように日本列島全体が地震の活動期に入ったとして「いつどこで発生してもおかしくない状況」である現在においては，このことが必要である。

災害対策の心のあり方として現代の異常気象の異常は正常と思うべきであるとともに，いたずらに自然災害を恐れてはならない。基本は「逃げるが勝ち」である。

災害に直面したとき人間は自分勝手で都合のよい思いにとらわれる。津波警報が出ても岸壁に集まるヤジ馬の心理は「正常化の偏見」や「正常化バイアス」として災害心理学が説明する「自分だけは大丈夫，関係ない」との思い込みからである。これが被害の拡大をまねくものであり注意を要する。

表 6-3　大地震の発生確率（北海道から九州まで）

場　所	発生確率	マグニチュード（M）
日本海溝・千島海溝周辺型	50 年以内 90％以上	6.8 ～ 8.3
宮城県沖	〃	7.5
三陸沖南部	〃	7.7（宮城県沖連動の場合 8.0）
首都圏直下	〃	7.0 前後
東海	〃	8.0
東南海	〃	8.1
南海	〃	8.4

注：1. マグニチュード（M）は，地震のエネルギーを表す。
2. M7.5 のエネルギーは，7.2 のほぼ倍。
3. わが国は，地震の多発地帯といわれているが，国土面積が地球陸地の 0.2％のところ，世界で発生した 10％は日本である。

出所：「中央防災会議」

4　盗難事件に関する危機管理

旅館内での盗難の多くは侵入盗であるが，とりわけ館内に入りゆかたに着替え客になりすまして，大浴場からルームキーを持ち出して客室内金庫の現金を抜き取る例が多い。キーを元に戻すような念入りの犯行もある。

対策は，館内の巡回と客への案内であり，巡回では通常の客への声がけが有効である。犯行を目論む人間は声をかけられるのが一番恐れるからであるが，ここでも，従業員に求められるのは不審者と客を区分する注意力である。

客への案内で重要なことは，貴重品の預かりである。この預かり品と旅館の責任問題は法的には多少，複雑なところがあるが，整理すると次のようになる。

(1) 客から預かった物が盗難などにあったとき

旅館が客から預かった物が盗難にあったり，紛失したときは，不可抗力による場合以外その責任は旅館にあり当然賠償しなければならない。つまり，旅館が不可抗力が原因であることを証明しないかぎり損害賠償の責任は旅館にある（商法第594条1項）。

(2) 客から預からなかった物が盗難などにあったとき

客から預からなかった物が盗難にあったり，紛失したときは，旅館（従業員も含む）に不注意がない限りその責任は旅館にない（商法第594条2項）。この不注意（過失）の概念はあいまいで「社会通念」ということになるが，施錠を忘れたところが侵入口であったり，マスターキーを持ち出されての犯行であった場合は旅館に過失があったといえる。また，旅館内によく見られる「貴重品はかならずフロントにお預け下さい」「お預けのない物の盗難などは旅館で責任はとりません」などの掲示をしても旅館と預けなかった客の過失割合に影響はあるものの旅館に責任は残る（商法第594条3項）

(3) 自動車が破損，盗難などにあったとき

客が旅館に訪れる交通手段のなかでとくに多いのは自動車であって，旅館の多くは，玄関前で預かって駐車場に移動する姿をよく見る。このような行為について前記した商法の「携帯品」に自動車が含まれるか，「旅館の駐車場に駐車」することは旅館が預かったことになるか，などはその解釈によって旅館の責任の有無が左右されることもあるので厳密には法的課題が残る。

しかし，自動車に関して通常旅館が行っている方法からは自動車の破損，盗難についてキーを預かった，預からないで責任の所在が変わるものではない。

つまり，旅館がキーを預かった，預からなかったの別なく，駐車場を指定した旅館が自動車を移動したことで旅館が預かった物として扱うべきである。

(4) 高価品に関する特則

旅館の預かり品のうち，「貨幣，有価証券その他の高価品については，客がその種類および価額を明示してこれを旅館，飲食店等の営業に寄託したのでなければ，営業者はその物品の滅失または毀損によって生じた損害を賠償する責に任じない」(商法第595条) と定めている。通常，旅館が現金などを預かる場合，貴重品袋に封入したものを受け取るが，現金の額などを旅館に伝える客は少ない。この規定は，そのような場合に貴重品袋を紛失しても旅館に責任はないということになる。しかし，具体例について最高裁は次のように判示している。

宿泊客がフロントに預けなかった物品の滅失毀損等につきホテル側に故意又は重大な過失がある場合，ホテルの損害賠償義務の範囲を制限する宿泊約款の定めは適用しないとした事例 (2003 (平成15) 年・最高裁・判例時報1829号)。

Yホテルの宿泊約款は，客が預けなかった物品，現金，貴重品のうち事前に種類及び価額の明示のなかったものが滅失，毀損した場合15万円を限度として損害賠償をする旨定めてあった。XはYホテルに宿泊した際，2850万円相当の宝飾品を入れたバックを持参し，中身を告げないでベルボーイに宅配便による発送を依頼したところ，ベルボーイがその手続き中に盗まれたもの。

判決は，ホテルに故意または重大な過失がある場合にまで損害賠償の範囲を制限する宿泊約款は適用されないとし，適用される (ホテルに責任がない) とした大阪高裁に破棄差戻した判決である。

5　食中毒事故に関する危機管理

食中毒事故も時折発生する。旅館の責任の問われ方は，刑事，民事，行政があるが，刑事責任は過失致死傷罪 (刑法第211条) で，民事は不法行為 (民法第709条) や債務不履行 (同法第415条) による損害賠償請求が発生し，行政責任では営業許可の取消し，営業禁止，営業停止 (食品衛生法・同法には懲役，罰金の規定もある）などの処分を受けることになる。

食中毒による損害賠償請求訴訟で初めて「製造物責任法（Product-Liability・PL法」（1995年7月1日施行・法律第85号）が適用された判決が出た。

この法の制定の背景には「発火するテレビ」「毒入りドライミルク」「サリドマイド事件」など，多くの分野で製品，商品の欠陥から財産はもとより人命まで失う例さえあった。これらについて損害賠償を求めるときの根拠法は民法第709条であるが，そこでは，賠償を求める側に欠陥製品などであることの立証の義務があった。

しかし，被害者が高度の知識，経験を有する製造者などを相手に過失を証明するためには多くの困難が伴っていた。そこで欠陥製品による被害者を救済するために，製造者に過失があることでの責任を求めるのではなく，製造物（製造または加工された動産）そのものに欠陥があれば責任があるとした製造物責任法が制定されたものである。まさに画期的な法である。

(1) イシガキダイを客に提供したところ，食中毒になり製造物責任法による損害賠償請求が認められた事例（2002（平成14）年。東京地裁（一部認容，一部棄却，控訴）・判例時報1805号）

Xら8人は，Yが経営する料亭でイシガキダイのアライ，カブトの塩焼きなどを食べたところシガテラ毒素を原因とした食中毒にかかったものである。

これに対してXらは，Yが「加工」し，提供した料理（製造物）には「欠陥」があったとして損害賠償を請求したものである。

Yは，調理したことで毒素が発生したものではなく，もともとイシガキダイに含まれていたものである。調理はPL法の「加工」ではないと主張した。

判決は，「絶対的安全性を求められる食品に毒素が含まれていれば，製造物に欠陥がある。調理は加工である」などとして1260万円の支払いをYに命じた。

この判決からの教訓

① 魚の調理は，PL法のいう「加工」に当る。

② 製造物に欠陥があれば製造者に過失がなくとも責任がある。

(2) 以上について温泉旅館には次のことが必要と考えられる。

① 衛生状態の点検

旅館の商号，商標をつけた売店商品をよく見かけるがそれに欠陥があり，相手に損害を与えた場合には，旅館も責任を問われることもあり得る。

② 調理人に必要な衛生理念

ア ハサップ理論（HACCP・衛生管理の主眼を最終製品に重点を置く方式とは異なり，食材の搬出から製造工程ごとにチェックする方式）を学び実践しなければならない。

イ 白衣，白帽のまま客前で料理の説明をする調理人や，調理場にカメラを入れて撮影させているテレビ映像を見ることがある。そこがいくら一流旅館，ホテル，有名レストランと評判であっても，白衣着用の意味と調理場内の衛生管理の基本も無知のその施設は信用できない。異様な頭髪，ひげも同じことだ。

(3) 事件，事故を考えるうえで忘れてならないこと

① 人間は忘れる生き物だから災害は忘れた頃にやってくる。必ず起こるという意識をもつこと。

② 温泉旅館に責任がある場合の解決を損害保険でまかなうことが多いが保険加入で安心してはならない。安心は無為無策を呼ぶものである。

第４節　人材育成

最近，多くの企業で社員教育や人材育成の重要性がいわれる。このことは事業が思わしくない状況や，景気の停滞感が広がるとかならず声高に叫ばれる。しかし，温泉旅館は人が人を遇する場であり，人材育成は，経済環境に影響されてはならない必要条件である。温泉旅館業とは装置産業ではなく本来，マンパワー産業である。人材こそが旅館の全てであって，かけがえのない貴重な財産である。

1　人材育成の理念

よく，今どきの若者は挨拶ができない，敬語も知らない。無気力だなどといわれる。非難する上司は自分も同じことをいわれた時代があったことを忘れているようだが，その言葉は自己否定したのと同じで上司失格である。部下に欠点があり，知らなければ上司が正して教えてやればよいことである。責任は学校や家庭にあるとぼやいても解決するものではない。

(1) 檄は二点

① 温泉旅館の仕事とは，学校でいえば毎日が学園祭のようなものである。

② 地域を超えて日本一の旅館を目指そう。つまり温泉旅館の甲子園に行こう。

(2) 基本方法

① 仕事をするのは全体の概念を知らなければならない。そのために，仕事の概念と旅館と客との相関を示すこと。これらの主眼は，従業員一人ひとりが「みんなの中の私」と「私の仕事」の理解を深めるためである。

② カリキュラムを示すこと。温泉旅館で一人前になるためには，ほぼ3年を要する。このためには経験年ごとのカリキュラムを作成し，示すことが必要である。

2　人材育成の具体例

(1) 感性をみがく

気配りは温泉旅館従業員に求められる大きな資質である。客の変化を知るためには感じる心が大切となってくる。感じる心は努力で向上する。詩や小説の朗読が有効である。あらゆる分野に視点を広げ，情報を蓄え，あらゆる客層に応えられるような知識や客のこころをつかむ感性が必要である。

(2) 歴史，現状を学ぶ

地域と温泉旅館の歴史と現状を学ぶことは，従業員にとって何よりも優先する。歴史は地域，旅館にとって大きな財産であるとする認識が大事である。自前の定期的な研修，勉強会の開催は必須である。カリキュラムに沿って内容，方法を計画し，付随してかならず実施しなければならないことはロールプレーイングと理解度確認のためのペーパーテストである。

(3) マニュアル作成

マニュアルは部署ごとにその従業員が作るべき。マニュアルは与えられるものではなく自ら作成することで仕事の理解が深まる。

「計画倒れ」という言葉があるように「マニュアル倒れ」の危険性があることを知らなければならない。そのためには現実の仕事とマニュアルとのすり合わせを日常的に行うことが必要である。

3　上司の仕事

従業員が育つも育たないも全ての責任は，その上司にある。

(1) 上司の資質

① 旅館全体を見る力を備える。

② 部下が50人いれば50通りの接し方（ほめ方，しかり方）と50倍の勉強が必要である。

③ 部下の人生を預かる覚悟が必要である。

④ 日常の場では部下の後にいるが，上司は，トラブル，クレームでは先頭に出ることが大切である。

⑤ 部下の失敗は上司の責任。部下の手柄は部下のものという考えを持つことは大切である。

⑥ 部下の指導はできるまであきらめない。できない部下との我慢くらべに勝つことが，部下を育てることになる。

⑦ 部下を叱るときは，本気，ハイテンション，短時間，つまり一喝を信条とすること。叱ったときには，同時にフォローが重要となる。

⑧ 部下からの提案に対して，代案のない否定をしないこと。否定されると次の提案が出せなくなる。些細なことでも拾い上げる気持ちが大切である。

⑨　原価計算，費用対効果の意識を常にもつこと。

⑩　客のアンケートは，業務に反映させなければ意味がない。叱られること，苦情こそ大事である。礼状は自筆で全部書くこと。

⑪　来館される方は「客」ではなく「お客様」である。そして，旅館が「持て成す」と「癒し」の言葉を使うなら「接客業」から「接遇業」へ変わらなければならない。政治家がよく使う愛，希望のような表面的装飾語にしてはならない。

(2) ペーパーによる育成

温泉旅館に関連する社会での現象や事件，事故などについてはそのつど，全員にペーパーで周知することが，従業員の資質向上には有効である。以下は，具体例である。

表 6-4

全員配布　　がんばっている従業員のための講座（No.　　　）

お客様との会話

年　　月　　日

筆者氏名

◆　次のような体験をした

Ａ：いらっしゃいませ
Ｂ：お勧めは何？
Ａ：今の時間帯はランチだけです（＃1）。メニューから選んで（＃2），決まったら（＃3），呼んでください（＃4）
Ｂ：このＡランチをお願いします
Ａ：Ａランチですね。少しお待ちください（＃5）
Ａ：Ａランチのほうお持ちしました（＃6）
Ｂ：水をください
Ａ：お冷やですね，少し，お待ちください（＃7）
Ｂ：お勘定をお願いします
Ａ：5,000円からお預かりします（＃8）

以上はホテルレストランでの会話である（Ａ＝ウエイトレス，Ｂ＝筆者）。どこにでもあるような会話だが，私はこれだけの会話でも数ヵ所について思うことがある。そこで今回は，お客様との会話（言葉）のポイントについて書く。

言葉は接遇に当たって，態度（物腰），表情，服装等と一緒で大事な要素である。また言葉は，意志の交流を伴うものだから，実生活でも経験するように人間の品格を決定するものである。それは従業員個人にとどまらず当館の評価につながるものであるということを忘れてはならない。

◆＃１～＃８までの言い換えは以下のとおり。
＃１　→「だけ（のみ）でございます」
＃２　→「お選びいただいて」
＃３　→「お決まりになりましたら（でしたら）」
＃４　→「お呼びくださいませ」
＃５　→「Aランチでございますね。かしこまりました。少々お待ちくださいませ」
＃６　→「(大変）お待たせいたしました。Aランチでございます」
＃７　→「お水でございますね。かしこまりました。ただいまお持ちいたします」
◇「水」を「お冷や」とすることは「ご飯」を「ライス」と言い換えることと同じで笑い話にもならない，客に対して失礼，無礼なこと。
＃８　→「5，000円から頂きます（頂戴します)」
◇　よく，客が支払いの際に「おあいそう（愛想）をお願いします」ということがある。「愛想（あいそう・あいそ)」とは，人に示す好意。人あしらいのうまさをいう（広辞苑)。用例は「愛想もない」「愛想をふりまく」「愛想が悪い」だ。

これらが変じて，店主など商売人が支払い客に対して愛想をふりまいて代金をいただけという内部符丁（合図，連絡隠語）である。したがって，客が店の人に対してこの言葉を使うのは間違っている。

なお，身近かな間違い言葉（以下の例のいくつかは館内でも若い従業員が使っているようだが，今後はやめよう）についてふれる。

「やばい」

本来の意味からまったく違った使われ方の代表だ。ドロボーが「警察だやばい逃げろ」と使う隠語だ。「この料理やばい」は「この料理うまい」の意味のようだが情けない。

「すごい」

これは程度を表す言葉だから，何がどのようにすごいのかをいわなければならない。「すごく美味しい」「すごく美しい」のが正しい用例。耳障りなのは「すごい」を変化させ「すげえ」という言葉だ。もっと変化させた「超すげえ」には，あきれるばかりだ。

このような言葉は，語彙（ごい・用語の数・ボキャブラリー）が足りないためであって，状況により使い分ける言葉を持っていないのだ。語彙が少ない大人は少ないほど子供の精神年齢に近いということだ。

「ビールのほうになります」

この言葉は，ある物を差してそれがビールに変化するという意味だ。手品ではないのだから，いうべきは「こちらビールでございます」である。

「ビールのほうお持ちしました」

「ほう（方）」とはあいまいな概念だ。「ビールをお持ちいたしました」だ。「お会計は00円でございます」も同じ。

「お名前を頂いて（頂戴して）よろしいでしょうか」

頂くのは本質的に物と思っていたが，予約などのときにどうして，「お名前をお願いします（お知らせください）」といえないのか，不思議でならない。

「～させていただきます」

これは，本来相手から許しを得て何かをする時の言葉だ。例えば，招待状がきた時に，「出席させていただきます」は正しい。

この言葉をていねいと思って使う人が多いが，使い方を間違えばていねいでもなんでもないことになる。

「ら抜き言葉」

「見られる」や「食べられる」を「見れる」「食べれる」というものだ。今は多数派になって違和感が少なくなったようだが文法上はあやまりである。

◆ 近年，日本語が乱れているといわれている。テレビの語彙不足，文法無知のタレントやキャスターの言葉が世の中を横行している影響なのだろう。

日常的にお客様と接する私たちはやはり，私たち自身と当館の品位を高めるため，汚い言葉，品のない言葉，意味不明の言葉は排斥すべきだ。そのためには読書しかない。そして，読書は理論的，総体的思考を身につけるためにも最良であることを強調したい。

◆ お客様との言葉，礼儀についてはコンサル，旅行会社などから細部にわたるマニュアルが出ているが，問題は言葉で特に敬語は簡単に身につくものではない。文化審議会の「敬語の指針」は大冊であって身近かにおいて学ぶことしかないが，会話の基本は「～でございます」と「かしこまりました」を使いこなすことである。

図 6-5

全員配布　　がんばっている従業員のための講座（No.　　　）

旅館内での事故

年　　月　　日

筆者氏名

◆　事例を紹介しよう。

ホテルでのケガに賠償命令

ホテルの結婚式に参列した主婦が，バージンロードに使用したカーペットにつまずいて大ケガをした損害賠償請求訴訟で仙台地裁は，ホテルに 1730 万円の支払いを命じた。

ホテルが「結婚式が終わっても，カーペットを片付けないため，つまずく原因をつくった」と落ち度を認めたもの。

判決によると、主婦は 2002 年 6 月 1 日宮城県石巻市のホテルで行われた，めいの結婚式に出席，式後にバージンロードをまたいだ際にカーペットの折りたたみ部分に足を引っ掛けて転倒し，右足を骨折した（『河北新報』2006 年 12 月 1 日の記事参照にて作成）。

上記内容で思うことは，当館でも同じようなことは，大小を問わずいつでも起こる可能性があることだ。わがこととして受け止めるべきである。

学ばなければならないことは，次の点である。

①　ホテルが責任を取らされた理由は何か。

②　同じような事故防止のために当館は何をすべきか。

◆　判決の理由は，民法第 717 条に規定する「工作物の設置又は保存に瑕疵（かし・欠点，欠陥がある意）」があり「他人に損害を与えた場合は損害賠償をしなければならない」によるものである。この事例は，通常ホテルが備えなければならない安全性に欠けていたとして裁判所がホテルの責任を認めたものである。

同じような法の精神は，公共物の道路，河川などの設置，管理瑕疵による，国，公共団体の損害賠償について規定している国家賠償法にも置かれている。

このような考え方は「危険責任の原則」といわれ，社会に対して損害を与える恐れのある施設の所有者，管理者は損害が生じた場合は責任を負わなければならないとするものである。

事例の事故は，カーペットを放置すれば誰かがつまづいて転倒することが想像できたのにもかかわらず，片付けなかった落ち度（瑕疵）があったとして裁判所が賠償を命じたものである。

◆　当館での具体的な対策は，館内施設，設備の総点検だが，緊急に下記について点検する必要がある。

浴室→　ドアーはスムーズか。床にぬめりはないか。イスはガタついてないか。

廊下→　ジュータンはしっかり張られているか。障害物，突起物はないか。

階段→　ステップ，手すりにゆるみはないか。

客室→　ドアーはスムーズか。上がりかまち，床，たたみはしっかりしているか。

◆ 施設，設備は，担当部署が日常的に点検，整備しなければならないが，大事なことは全従業員が目配り，気配りすることだ。そのためには正常な状態を知ることが基本になる。

万一，事故が起きた場合は救急車の手配などお客様のけがなどの程度に応じた措置が最初である。上司への報告，原因と経緯の確認，現場写真も忘れてはならない。特に，お客様が酔っていないか，走り回っていなかったかなどは後日のために重要な確認事項である。

参考文献

大島良雄・矢野良一『温泉・療養の指針』日本温泉協会　1991 年
谷澤一『ホテル旅館営業の法律講座』柴田書店　1992 年
長瀬二三男『製造物責任法の解説』一橋出版　1995 年
小沼博隆『HACCP システムによる衛生管理』日本食品衛生協会　1997 年
山村順次『日本の温泉地』日本温泉協会　1998 年
宅森昭吉『ジンクスで読む日本経済』東洋経済新報社　1998 年
民間活力開発機構『温泉療養の手帖』ビュープロ　2000 年
斉藤孝『教え力』宝島社　2004 年
広瀬弘忠『人はなぜ逃げおくれるのか』集英社　2004 年
北原保雄『問題な日本語』大修館書店　2004 年
杉山直治郎『温泉権概論』御茶の水書房　2005 年
法令用語研究会『法律用語辞典』有斐閣　2006 年
『テルモのこころ』テルモ　2007 年

第７章　温泉観光地の現状と課題

第１節　広がる地域間の経済格差

21 世紀は，観光振興の世紀といわれる。しかし，近年，観光をとりまく国内の社会状況はきびしい環境にある。きびしい要因のひとつは，地域格差である。地方における地域経済が，格差によって立ち行かなくなりつつある。

日本の経済構造は，大都市集中型不均衡経済となっている。国全体の現況は「中央集金国家」ともいうべき様相で，資本が恐ろしいいきおいで中央大都市に集中している。大都市はうるおう一方で，地方都市はしだいに疲弊してきている。

これまで，全国高速交通ネットワークの整備と並行して，国の施策として大型店立地策などが展開された。そして，国の規制緩和策を受けて，中央資本の大型事業所が急速に地方都市に進出した。その結果，地方の資本は，大都市の本社機能をもつ中央資本に飲みこまれるような社会構造となってしまっている。

このようなしくみの中で，大都市と地方都市の経済格差が拡大している。地方経済は，崩壊状態にあり極端に疲弊している。限界集落などと呼ばれ，すでに弱小自治体において，コミュニティの消滅現象などもおきている。

地方都市の中心商店街は，大型店舗の狭間にありきびしい経営状況となっている。地域に根ざし代々つづいてきた老舗でも，閉店を余儀なくされているものがある。

地方都市の中心市街地商店街がシャッター街になっている状況は，多少の差こそあれ，日本全国で見うけられる。地方都市の市街地商店街がシャッター街化するのは，根本的に地元商店街の努力だけでは解決できない構造的な問題が内在するからである。

全国の地方都市の郊外に巨大な駐車場をもつ大型ショッピングセンターが数多く形成されている。家電製品，日用雑貨，飲食，食料品，衣類など人々の日常生活に必要な商品が，高速交通ネットワークを使った莫大な物流を背景にした中央資本によって供給される。地方の所得は，大型ショッピングセンターを中心に消費される。地方都市の多額の売上金が大型店に集約され，地方には蓄積されず，中央大都市の大手事業本社に集められる。

この結果，大都市と地方都市の経済的な格差が大きく広がり，大都市においては資本が蓄積されてうるおい，地方都市は疲弊の一途をたどるというアンバランスな状況が生み出される。しかも，大都市と地方都市という二極的な構図だけではない。地方都市間や，一都市の内部にも格差が存在している。

つまり，大都市と地方都市，地方都市で規模が大きく本社機能をもつ事業所が多い地方都市と小都市，さらに，一地方都市のなかにおいても格差が存在するという多重構造となっている。地方都市は，格差がひろがる社会にあって活力を失いつつある。

第２節　観光による地域活性化

格差の幅がひろがる社会構造のなかで，どのようにすれば地方の復興・再生を実現できるのか。資本の流れが大都市から地方都市にそそぎこむという逆の流れを創出しなければ，地方の復興・再生はありえないであろう。資本を大都市から地方都市に流入させるという，構造を逆転する経済回しが必要である。いま，地方都市への資本の流れを創出する可能性をもつのは，農業と観光である。大都市にはない自然的立地条件をもつ第１次産業の農業と，第４次産業ともいえる観光産業である。しかも，従来のあり方とは異なる新たな観光をつくり出す必要がある。

国内における観光の意識は，大きく変化している。人々は単なる物見遊山的な観光ではなく，個人を主体とする研究探求型の観光や，個人の嗜好の満足を求める観光に変化してきている。物見遊山という底の浅い観光から，懐の深い真の豊かさを求める観光になってきている。人々は，地域の歴史・文化・産業・生活・芸術など，総合的な観点に観光の価値を見いだし，３つの風である「風土」「風味」「風情」を求めて行動をおこしている。

観光の形態も多様化し変化している。観光形態は，大量輸送・大量消費の団体客観光から，小グループ型，個人型に移行している。内容も施設観覧満足型から，文化・歴史・自然の探求感動型に変化している。これらの行動や人々の要求に対応する，地域資源を活かした総合観光こそが，いま求められている観光である。

こうしたなかで，観光地にとって，いま何が必要か。これまでの誘客方法では，どのようにして多くの観光客を獲得するかに主眼が置かれていた。これからの観光地では，どのように観光客を誘致するかではなくて，観光地を訪れた観光客に，どのようにすれば満足を提供できて，感動してもらえるかという対応であろう。顧客満足度に焦点をあわせた観光策が必要であろう。そして，訪れる観光客が魅力を感ずる地域を，どのようにしてつくりあげていくかが大切である。いわば，観光地としてのまちづくりの在り方が問われるのである。

観光は総合産業であり，地域の総合力が観光の魅力になりうる。温泉観光地が試行錯誤を重ねているなか，今後の温泉観光地の生きる道は，地域の人々が立場・分野を超えて，地域がもつ資源とあらゆる地域の特性を活かし，地域連携をはかり，温泉観光地をおとずれる人々に，それらを提供していくことである。

地域活性化は，観光振興にもとめられ，観光振興のためには，地域連携のまちづくりが必要である。疲弊している地域の復興・再生のポイントは，未発掘のものをふくむ地域資源を活かした地域総合観光にあると考えられる。

本論においては，第７章では，温泉観光地の現状と課題について考察し，第８章では，温泉観光地天童で実践した観光再生のこころみを「地域復興・再生のカギは，人々のニーズを踏まえた，新たな発想による地域総合観光にある」

という視点で，温泉観光地の観光戦略を展開してみる。

第３節　「温泉観光地」とは

本論で述べようとする「温泉観光地」の意味は，次のようにとらえる。

まず，「温泉」である。「温泉」は，温泉法によると「地中から湧出する温水，鉱水及び水蒸気その他のガス（炭化水素を主成分とする天然ガスを除く）で，別表に掲げる温度又は物質を有するものをいう。」と定義されている。

【別表に掲げる含有物質名】

【ガス性のものを除く溶存物質，遊離炭酸，リチウムイオン，ストロンチウムイオン，バリウムイオン，第一鉄又は第二鉄イオン，マンガンイオン，水素イオン，臭素イオン，ヨウ素イオン，フッ素イオン，ヒドロヒ酸イオン，メタ亜ヒ酸イオン，総イオン，メタホウ酸，メタケイ酸，メタホウ酸】[1]

温泉は，温泉源から採取されるときの温度が摂氏25度以上のものと規定し，含有物質については，上記のとおりである。この温泉の湧出地は，火山地域のものと非火山地域のものがある。

次に，「観光」であるが，観光には，3つの構成要素があるといわれる。ひとつは，観光主体で観光する人。2つは，観光の対象で観光資源のことである。3つは，観光媒体で，移動手段と観光情報のことである。

表 7-1　観光資源

自然資源	山岳，高原，海洋，島，湖沼，動・植物，温泉，天候など
人文資源	史跡，遺跡，寺社，城跡･城郭，庭園，町並み，祭事，催し物，生活文化，風習，博物館，美術館，歴史的建造物，産業的関連施設，歴史的人物と関連施設，宗教的関連施設 （ただし，地域に情報を発信する人がいてはじめて有効な資源になる）

出所：『地域づくり型観光の実現に向けて』日本政策投資銀行　2000年を加筆修正

観光の定義については，国の観光審議会の1995年の答申によると，観光とは，「余暇時間の中で，日常生活圏を離れて行うさまざまな行動であって，ふれ合い，学ぶ，遊ぶということを目的とするもの」としている。この内容では，非日常を中心にとらえているが，たとえば，仕事関連で他地域をおとずれるような場合の視点がない。観光はもっと広義にとらえる必要がある。

須田寛氏は，著書『新しい観光』で観光について易経から「それぞれの地域の「光」―優れたものないしは特性を観たり，観（しめ）したりすることによって多くの人々の交流をはかることは，「王」―為政者の重要なつとめであると教えているのである」と述べている。観光地は狭義の観光者だけではなく，多くの人々に，これらを提供する場所ととらえることができよう。

観光地とは，「観光客の対象となる自然景観など自然資源や歴史・文化など人文資源などの観光資源をかねそなえ，交通機関や施設などで広義の観光客の受け入れや交流を行える地域」ということができる。

そこで，本論における「温泉観光地」とは，温泉法で定義する温泉をもち，観光客の対象となる自然景観など自然資源や歴史・文化など人文資源などの観光資源をかねそなえ，交通機関・施設・観光情報などの観光媒体をとおして，観光の主体である広義の観光客の受け入れを行え，多くの人々の交流をはかることができる地域」ととらえることにする。

第４節　国内観光の動向と推移

現在の温泉観光地でどのような課題があるのか。また，どのように対応していくべきか。これらを見きわめるためには，観光が歩んできた経過をみておく必要がある。そこで，日本において観光が本格化し，今日にいたるまでどのような動向と推移があったのか，大まかな年代によって概観してみよう。

【1945 年終戦後から 1960 年代前半の観光】

1945 年　戦後の混乱から立ち直り，国の復興が大きな目標であった。

1955 年　この頃から工業化が急速に進展するようになった。工業発展を支える労働力確保のために，集団就職が始まった。

1956 年　国鉄東海道線が全線電化された。

1955 年　国産車愛用の方針が閣議決定された。

1959 年　自動車各社は,「国民車」構想を発表した。

1960 年　この年, 池田内閣による所得倍増計画が打ち出された。この頃より日本経済は, 高度成長時代へ移行していく。

1963 年　観光の振興をはかるため, 観光基本法が制定される。

1964 年　この年に開催される東京オリンピックを境に, 道路整備, 新幹線のスタートなど観光移動の交通手段が整備される。この年, 東海道新幹線が開通した。また東京オリンピックに対応するため, 数多くのホテルが建設され第 1 次ホテルブームとなった。これにより観光の受け皿づくりが進められることになった。高度経済成長とあいまって観光旅行が拡大し大衆化が進んだ。

団体旅行者を受け入れるために, 旅館の整備が進む。この頃より, 大型団体旅行, 大量輸送と大量消費型の観光が急速に進んだ。また, 1 人年間 500 ドルの範囲内で海外旅行が自由化された。

【1960 年代後半から 1970 年代前半の観光】

1965 年　名神高速道路が全線開通した。

1965 年　3C 時代といわれ, 車, カラーテレビ, クーラーが急速に普及する。

カラーテレビは, 製造 46 万台を突破し, アメリカについで世界第 2 位となる。テレビが国民の情報源となり, 行動の大きな要因となる。

1967 年　日本の自動車保有台数が 1000 万台となる。

1968 年　GNP が自由世界第 2 位となる。

1969 年　東名高速自動車道が全面開通する。

1970 年　東京オリンピックにつぐナショナルプロジェクト大阪万国博覧会が開催され, 6400 万人が訪れた。国鉄の全国観光キャンペーン「ディスカバー・ジャパン」がスタートした。

1971 年　国内パッケージ旅行が誕生した。

東京オリンピック開催が景気上昇のピークとなり, 一時景気は停滞したが，特例国債（赤字国債）が発行され，いざなぎ景気に一転した。高度経済成長期が続く。観光旅行の拡大が進む。家族・友人などとの旅行も一般化した。旅館の大型化が進み，マイカー，バス時代に対応し，郊外に大型旅館を建設する例が現れた。第2次ホテルブームとなる。

【1970年代からバブル期まで】

1971年　田中内閣が発足し，日本列島改造論により，工業地帯の分散，工業団地と新25万都市づくり，高速交通網の整備が積極的に進められ，道路整備が急速に進んだ。国民の車による移動が大きく伸びた。

1973年　この年10月に第4次中東戦争が始まった。アラブ産油国は原油の生産を削減した。この結果，日本では第1次石油危機がおこった。

1974年　個人消費も設備投資も冷え込み戦後初のマイナス経済成長となる。

1976年　都市ホテルに匹敵する大型旅館が登場した（ホテル百万石）。

減速，低成長の経済になったが，国民生活調査によると，日本人の90％は中流意識を持ち，70％が幸福だと感じていることがわかった。

1977年　国の赤字国債発行とあいまって，東北地方の高速道路，新幹線建設工事も進み，各地で文化施設の建設があいついだ。レジャー，余暇生活を楽しむ人が増えるなか，北国，東北に目が向けられた。

1978年　新東京国際空港が成田に開港した。

1978年　第2次石油危機がおきたが，日本は大きな混乱もなく乗り切った。しかし，石油危機のなかの所得の伸び悩みで，旅行費用の抑制に拍車がかかった。

1980年　第2次石油危機をのりこえて，日本の工業製品は一段と競争力を強め，「ジャパン　アズ　ナンバーワン」との評価も得た。

1981年　東北新幹線，上越新幹線が開通した。

1982年　東京ディズニーランド，長崎オランダ村が開業した。これらが集客に成功したことからバブル期のテーマパークを生み出すきっかけとなった。

1984年　日本専売公社，日本電信電話公社，日本国有鉄道の民営化が決定された。

1985年　東北・上越新幹線の上野駅乗り入れが始まった。10月には関越自動車道・新潟線，翌年には東北自動車道青森～浦和間が全線開通した。つくば科学万博に2033万人が入場した。

1988年　好景気が続き，東証株価平均が3万円を超え，バブル経済がおきた。

1990年　バブル経済が崩壊した。

観光は海外旅行が伸びる一方，国内旅行は「安・近・短」志向になっていく。

これらの推移からみると，道路や鉄道の整備と経済活動が，国民の活動に大きく影響していることがわかる。さらに，これらの動きに合わせて，ホテル・旅館等の建設が行われ，受け皿づくりが進められた。第1次ホテルブーム，第2次ホテルブームの時代には，主に団体客を中心とした施設の整備が行われ，それが今日まで継続しているものが多い。経営自体も団体客を想定したものとなっており，近年の小グループ型，個人型に移行している観光の動向に対応していない課題が浮き彫りになっている。

第5節　産業における観光の位置

1　各産業と広く関わる観光

観光は，関連する分野が広く，第1次，第2次，第3次産業など全産業と関わり合う。したがって，その経済効果は大きなものがある。観光主体である観光客が行動するとき，観光媒体と関連産業はどのようなものがあるのかをみてみよう。

観光行動を分析すると，大きくに3つの段階に分けることができる。第1に旅行の準備段階である。第2に観光での移動段階である。第3に観光地における行動段階である。これを観光主体の行動，観光の媒体，関連産業別に分類整理すると表7-2のようになる。

表 7-2　観光の行動段階と関連産業

	観光主体の行動	観光の媒体	関連産業
Ⅰ段階 旅行の 準備	旅行商品購入	旅行会社・IT 旅行業	旅行代理店・IT 関連会社
	旅行用品の準備 用品購入	一般小売店 売店	衣類, 食料品, 身の回りの持ち物・カメラなど
Ⅱ段階 観光での移動	観光地への移動 観光地での移動 観光地からの移動	鉄道, バス, 自家用車, タクシー, 航空, 船舶, 貨物自動車, 宅配便, ガソリンスタンド, 駐車場など	鉄道, バス, 車の販売店, 保険会社, 航空会社, 船舶会社, ガソリンスタンド, 駐車場, 輸送業者など
Ⅲ段階 観光地における行動	食べる, 休憩する 飲む, 入浴する	飲食店, 食料品店, ファーストフード店, 喫茶店, バー, 酒場, スナック, 日帰り温泉施設食堂, レストラン, コンビニエンスストアなど	一般飲食店, 飲食料品販売店, 日帰り温泉施設など
	土産品を購入する	土産店, 製造直売所, 直売所	土産店等, 製造直売所 直売所
	観る	観光施設, 美術館, 博物館, 史跡, 遺跡, 宗教施設, 公園, 社寺, 庭園, 動・植物園, 水族館, 自然景観など	観光施設, 美術館, 博物館, 史跡, 遺跡, 宗教施設, 公園, 社寺, 庭園, 動・植物園, 水族館など
	体験する	テーマパーク, 遊園地 観光農園, 郷土の産業など	テーマパーク, 遊園地 観光農園 郷土の産業など
	スポーツする	海水浴, トレッキング スキー, ゴルフ, テニスなど	海水浴場, スキー場, ゴルフ場, テニス場, 食堂レストラン, 運動具店
	宿泊する	ホテル, 旅館, ビジネスホテル, 民宿, キャンプ場, オートキャンプ場など	ホテル, 旅館, ビジネスホテル, 民宿, キャンプ場, オートキャンプ場, 会社の保養施設, 宿泊所, リネン会社など

出所：『地域づくり型観光の実現に向けて』前掲を加筆修正

3つの段階の内容について説明すると次のようになる。なお，第8章では，温泉観光地天童市の事例研究をするので，広域観光からの視点で以下の検証資料として，東北地方の宿泊旅行の現況概略にもふれてみることにする[(2)]。

第Ⅰ段階の旅行の準備では，①旅行商品購入，②旅行用品の準備行動がある。とくに，これまで，旅行商品購入は旅行代理店からのものが多かったが，近年，インターネットをとおした予約や商品購入が急速に増えている。

東北地方における目的地決定時のインターネット利用は，平成 17 年度で 30%となっている。行ってみたい旅行タイプでは，温泉旅行が 55.3%で 1 位。自然周遊観光が 45.9%で 2 位。ついで歴史・文化周遊観光が 44.4%で 3 位。グルメが 43.5%で 4 位。そして，海浜リゾートが 38.5%で 5 位の順になっている。

次に第Ⅱ段階の観光での移動は，①観光地への移動，②観光地での移動，③観光地からの移動がある。移動の形態は，移動大量輸送・大量消費の団体客を主体とした時代には，大量輸送を可能にする鉄道，大型バスなどが多く利用されたが，少人数化，個性化が進む近年の観光においては，自家用車を中心とした多種多様な交通媒体の利用がすすんでいる。

東北地方における宿泊観光旅行の利用交通機関は，平成 17 年度で自家用車 56.7%，鉄道 30%，バス 25.6%，飛行機 9.8%となっている。交通環境による要因も大きいと考えられるが，東北においては，自家用車での移動が，高い利用率を示している。

第Ⅲ段階は，観光地における行動段階である。内容として，①食べる，休憩する，飲む，入浴する，②土産品を購入する，③観る，④体験する，⑤スポーツする，⑥宿泊する，などがある。これらに関わる観光の媒体と関連産業は表 7-2 のとおりであり，観光は総合産業で，広い分野に関わっていることがわかる。

東北地方における宿泊観光旅行の利用宿泊施設は，平成 17 年度でホテル・ビジネスホテルが 40.9%，旅館が 31.9%，国民宿舎等公営施設が 5.3%，民宿が 3.5%となっており，親戚・知人宅が 5.9%となっている。

東北地方への観光客の入り込み状況では，東北地方管内からの移動が 65.5%，関東からが 15.9%，ついで北陸・甲信越が 5.4%，九州からが 3.6%，北海道からが 3.3%の順になっている。管内移動が 65.5%と高い比率を示す特徴があるが，これは観光施策における重要なポイントになるといえる。

2　経済効果からみる観光

観光産業が日本経済のなかでどのような位置にあるのか。国土交通省総合政策局観光部門では，観光産業の位置づけのために「旅行・観光産業の経済効果に関する調査研究」を2000（平成12）年度から継続して行っている。

この調査は，全国１万５千人を対象にした「旅行・観光消費動向調査」を基礎として，①旅行消費額を推計，②それを基に産業連関表を用いて経済波及効果を推計しているものである。さらに，旅行消費額を産業部門別に分類して旅行消費が，わが国にもたらした経済波及効果を推計している。

2006（平成18）年の旅行消費額は，23兆５千億円である。このうち国内産業への直接効果は，22兆９千億円である。直接効果のうち，付加価値は，11兆９千億円で日本のGDPの2.3％である。雇用は215万人で全雇用の3.4％。税収は２兆円で全税収の2.2％である。

旅行消費額の23兆５千億円という数字は，平成20年度の国の予算と比較すると，国全体の税収は，53兆６千億円であり，43.8％で約半数弱の数字となっている。また，一般会計予算の歳出額が83兆１千億円であり，28.3％で約３割であり，旅行消費額が，いかに大きい額であるかわかる。

国内の旅行消費額23兆５千億円の市場別内訳をみると，宿泊旅行が15兆７千億円（66.6％）で第１位。ついで日帰り旅行が4.7兆円（20.1％）。第３位が海外旅行の国内分が１兆７千億円（7.4％）。訪日外国人旅行が第４位で１兆４千億円（5.8％）となっている。宿泊旅行が全体の半数以上を占めている。

一方，旅行消費が生み出す生産波及効果は，52兆９千億円であり，日本経済への効果は5.6％である。国全体の税収は53兆６千億円であるが，これと同等の額になっている。付加価値効果は28兆３千億円で経済への効果は5.6％である。雇用効果については，442万人で経済への効果は6.9％である。税収効果は，５兆円で経済への効果は5.6％である。このように，観光は他産業と広く関わり，経済効果が大きい産業である。したがって，観光は，地域振興，地方の復興・再生には大きな力をもつものといえる。

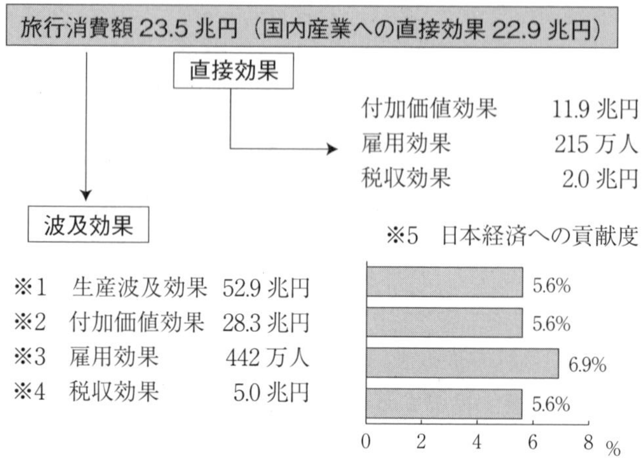

※1：産業関連表国内生産額 949.1 兆円 2006 年に対応
※2：国民経済計算の名目 GDP509.8 兆円 2006 年に対応
※3：国民経済計算の就業者数 6,404 万人 2006 年に対応
※4：国税・地方税 89.0 兆円 2006 年に対応
※5：ここでいう貢献度とは全産業に占める比率

出所：「旅行・観光産業の経済効果に関する調査研究Ⅶ」国土交通省　2007 年 (3)

図 7-1　観光産業の経済効果

第 6 節　変化する観光のすがた

1　観光行動と意識の変化

観光は，人が生きていくための絶対条件ではない。観光はよりよく生きていくうえで必要なものであるが，これがなければ生きてはいけないものではない。人は生活やこころにゆとりがあってはじめて観光行動に移る。そこで，観光行動を考えるためには，行動にむすびつく要因を考える必要がある。

観光行動の要因としては，(1) 観光媒体である外的要因と，(2) 観光主体である観光者の内的要因の２つがある。近年の観光行動のすがたを，この２つの側面から探ってみよう。

(1) 観光媒体の外的要因

観光媒体の外的要因として，①広域高速交通化があり，そのなかには，高速道路のネットワークの整備と新幹線ネットワークの整備，さらに航空ネットワークの整備等がある。また，② IT を利用した高度情報化，さらに，③観光のグローバル化によるインバウンド観光などがある。

①広域高速交通化

〈高速道路のネットワーク〉

1963 年，日本の高速道路は栗東―尼崎間の 71kmが開通して以来 36 年間に供用した総延長距離は 6450kmを超える。南北の幹線である東北縦貫道，東名道，名神道，中国縦貫道，九州縦貫道がノンストップでつながった。

首都圏から放射状に常磐道，関越道，中央道が広がり，関西圏からは日本海側を結ぶ北陸道，近畿道などが整備され，1980 年代以降は幹線を交差する枝線の建設が佳境に入っている。最終的には 1 万 1520kmの高速道路を建設する計画となっている。2006 年 4 月 1 日現在の日本の道路の総延長は，125 万 6600km で，高速道路の総延長は 8984kmである (4)。

高速道路の整備と自家用車の普及に伴い，団体客輸送の中心である鉄道，バスから自家用車の利用が拡大する。自家用車の利用により，観光客は目的地，時間を選んで広い地域を行動することができるようになり，人数も少人数化していくことになる。少人数化は，観光宿泊施設に，宿泊者の確保，施設の稼働率など経営の根幹にかかわる課題を提起するものとなる。

〈新幹線ネットワーク〉

新幹線は，フル規格の東海道新幹線，山陽新幹線，東北新幹線，上越新幹線，北陸新幹線，九州新幹線のほか，ミニ新幹線と呼ばれる山形新幹線，秋田新幹線などが整備され，日本国内を縦横に高速鉄道で結ばれている。高速化した新幹線を利用する旅行客にとって，短時間で行動範囲がひろくなることから，到達限界地点が変化し，旅行の目的地に変化をもたらす。在来線で目的地であった地域は，通過交通の地域になり，宿泊地の選択に変化をもたらすことになる。このことは，東北，関東，中部，近畿，中国，四国，九州といった日本全土のブロック間競争を生み出すことになる。そこで，ブロック単位の観光の振興策が求められることになる。

〈航空ネットワーク〉

航空ネットワークをみると，日本の空港は，第1種の東京国際空港，成田国際空港，中部国際空港，関西国際空港をはじめ，第2種空港は24空港，第3種空港が54空港，その他飛行場は11あり，大小合わせて94ヵ所である。

航空による旅行は，新幹線よりもさらに短時間で，広範囲な移動を可能にするので，海外旅行への旅行志向を強め，離島などへの旅行を短時間で可能にし，旅行形態にも大きな変化をもたらすことになる。このことは，地域間競争をより拡大するものとなる。

② ITを利用した高度情報化

ITによる高度情報化は，今後，観光者の行動を大きく変化させることが予想される。総務省で実施している「社会生活基本調査」(5)によると，インターネットの利用状況は次のようになっている。過去1年間（2005年10月20日～2006年10月19日）にインターネットを利用した人（10歳以上）は6750万人で，10歳以上人口に占める割合（行動者率）は59.4%となっている。国民の10歳以上人口の6割弱がインターネットを利用している。

男女別にみると，行動者率は男性が62.5%，女性が56.5%である。これを年齢階級別にみると，男性は15～19歳が88.2%，女性は20～24歳が92.3%と最も高く，年齢が高くなるにつれて行動者率は低下している。行動者率は，仕事や学業での利用も含めた2001年（46.4%）と比べても，13ポイント上昇しており，この5年間でインターネットの利用が広く国民生活に浸透してきている。今後，コンピュータを生活必需道具とする世代が増加し，観光行動の選択に，大きな影響をもたらすことは明らかである。

③観光のグローバル化とインバウンド観光

観光のグローバル化によるインバウンド観光も航空ネットワークの整備によって促進される。日本から海外に出かけやすい環境になったことは，逆に海外からの観光客を受け入れる条件が整うことを意味する。東北を訪れる外国人旅行者数の推移をみると，2004年が17万2千人，2005年が19万5千人，2006年22万人で訪日外客数に対する比率は，それぞれ2.8%，2.9%，3.0%となっており，東北地方を訪れる外国からの観光客は，年々増加する傾向にある。世界規模で行動がグローバル化し，そのなかで，観光としての行動が大きなウエイトを占めるであろう。

以上が観光行動の外的要因であるが，これらと相関関係をもつ内的要因をみてみよう。

(2) の観光主体の内的要因

観光主体の内的要因では，次のことがあげられる。

道路網の整備モータリゼーションの伸展により，選択する交通手段も変化する。自家用車の普及は，団体行動から少人数行動に変化をもたらす。家族，親しい知人・友人を主体とする旅行を容易にする。しかも，旅行の目的地も点から線へ，線から面へと拡げることを可能にする。これは，観光地での行動が広域的なものになることを意味する。

近年は集団で行う慰安や遊興などを目的とした行動から，ゆっくりくつろぐことや，特定の関心に関する行動に変化しており，団体の娯楽・享楽追求型の観光から個人の目的探求型の観光に変化してきている。

さらに，目的地の決定は，知名度や，旅行代理店が決めるような受動的なものではなく，自分の目的をどこで達成できるかをみずから選定して，旅行先を決定するような行動に変化している。

東北地方における宿泊観光旅行の同行者は，2005年度で家族が45.3%，知人・友人が23.1%，家族と友人・知人14.6%，職場・学校の団体が5.8%となっており，自分一人3.9%となっており，少人数化の宿泊観光旅行の傾向が顕著になっている。

団体行動が少人数行動に変化することによって，目的地や行動範囲の選択幅がひろまってくる。すると，個人の嗜好や意向が反映しやすい選択ができることになる。これが観光に対する考え方や行動にも変化をもたらしている。

最初に観光地があって，そこに観光客が訪れる，という観光から，訪れる人があって，目的地が観光地になる，という逆の発想が必要になっている。

人を呼ぶための特定のものがなければ観光地にはなれない，ということではなく，遊びでも，仕事でも目的をもってその地域に，1人でも2人でも訪れる人がいれば，そこは観光地になりうるのである。このように，観光媒体の変化とあいまって，人々の観光に対する意識は大きく変化している。

2　観光旅行の年代変化

人は生活やこころにゆとりがあってはじめて観光行動に移る。ゆとりをライフステージでとらえてみると，20歳前後の就業時期から30代歳前半の結婚の時期までは，男女とも，ゆとりがある。結婚し出産・育児・子育ての時期になると，育児・教育費用が大きな割合を占めるようになる。さらに，高校進学，大学進学などによる学費は，家計費のなかで大きな割合を占めるようになる。一般的に40歳代から50歳代前半までは，教育費が必要なことから，他世代と比較すると，ゆとりは少ないといえる。50歳代後半になると収入も伸び，生活やこころにゆとりが生まれてくることから，観光行動に移りやすい状況になる。

「社会生活基本調査」によると，過去1年間に何らかの「旅行・行楽」を行った人は8661万人で，行動者率は76.2%となっている。男女別にみると，男性が4129万人，女性が4532万人となっており，行動者率は男性が74.7%，女性が77.7%で，女性が男性より3.0ポイント高くなっている。

行動者率を年齢階級別にみると，15～19歳から年齢が高くなるにつれて上昇し，35～39歳で84.2%と最も高くなり，40歳以上は年齢が高くなるにつれておおむね低下している。これを男女別にみると，75歳以上を除くすべての年齢階級で女性の方が高くなっている。

「旅行・行楽」の種類別に行動者率をみると，「行楽（日帰り）」が60.0%，観光旅行では国内が49.6%，海外が8.5%となっている。

わが国の人口構成ピラミッドをみると，20歳前後の就業時期から結婚の時期の世代は，少子化の流れの中で，総数としては少なくなっており，団塊の世代である60歳前後の世代が大きなふくらみになっている。したがって，今後の観光行動においては，20歳前後から30代前半までの世代と，団塊の世代の行動に注目する必要がある。

第７節　温泉観光地の課題

1　宿泊施設における大きな課題

観光をとりまく環境は，広域高速交通化の伸展，ITを利用した高度情報化，観光のグローバル高速交通化の伸展に伴って，今まで宿泊していた客が足を伸ばして別の宿泊観光地にいくようになった。団体客が減って入客数が減少し売上げの低下がいちじるしくなった。少人数化した宿泊客の志向は多種多様化している。さらに，これまで旅行代理店等をとおして予約客の確保ができたが，インターネットの普及により，地域間競争がきびしくなり，入客数に格差が出てきている。外国人観光客は年々増加しているが，この新たな需要に対応や経営がついていっていない。宿泊観光地では，現在，このようなとまどいや苦悩に直面している。

日本政策投資銀行でまとめた『地域を挙げたホスピタリティ向上戦略』によると宿泊事業者の近年の経営状況は芳しいものではないこと。全産業の倒産は2002年以降に沈静化し，宿泊施設の倒産件数は一旦減少したが，2004年から反転して増加の方向にあること。倒産件数は，1998年を100とすると，1999年が119.8。2000年が125.9。2001年が140.7。2002年が154.3。2003年が112.3。2004年が134.6。2005年が138.3となっている。倒産件数が７年間で

38.3%も増えているのである。これらは，現在の宿泊施設の経営がいかにきびしいものであるかを示している。

2　少人数化に対応する施設

温泉観光地にあるホテル・旅館をとりまく環境は，大きく変化し，大きな課題をかかえる。1964年および1971年頃のホテルブーム時代に建設されたホテル・旅館の施設内容と規模の問題である。当時は，大量輸送で行われる団体旅行が主流であり，これに対応する施設整備が進められた。団体旅行の場合は，一部屋に3人から5人が宿泊するような考えで施設の整備が行われた。これが，少人数型観光に変化している現在，旅行形態に施設がそぐわないものになっている。

プライバシーが重視され，静けさやこころのくつろぎを求める現在において，団体を想定した施設は，旅行者の観光宿泊施設に求める内容条件を満たさない。しかし，簡単に施設の改修にすぐに取りかかれる財務状況にはないことも事実である。団体客を想定した施設が，時代の要請に適合せず，少人数化している宿泊観光者の願いに応えられない現状は，宿泊施設の運営上からも大きな課題である。

3　重要な客室定員稼働率

天童温泉の宿泊施設は，週末の夕方になると，どの部屋も明かりがともり，宿泊者が満室のようにみえる。しかし，経営者は，宿泊客が減少傾向にあり，経営はきびしいという。ここには，定員稼働率の問題がある。経営上で重要な要因となる施設の定員稼働率である。

稼働率をとらえるのに施設全体の定員に対する稼働率と客室定員の稼働率がある。たとえば，団体客を想定し，一部屋に5人ずつ宿泊できる部屋を20室造ったとする。施設の定員は100名になる。団体客が入って20室が満室になれば，100人の定員に対して100%の稼働率になる。これが，団体ではなく，少人数で２人ずつ20組が宿泊すると，宿泊は全室満室になって施設全体の稼働率は100％であっても，ひとつずつの客室の稼働率はそれぞれ40％にしかならない。60％のロスが出て収入減が生じる。これは，結果的に売上げの低下に結びつき収益の減につながる。

宿泊観光の形態が少人数化している現在，団体客を想定して整備された宿泊施設は，４人・５人用として造った客室が，定員に満たず，稼働率が40％程度にとどまっている現状で，経営の思惑がはずれてきている。しかも，多額な費用を投資して整備した大型の宿泊施設を，簡単に少人数化に対応する施設に変えようとしてもできない状況がある。

経営上重要な要因である稼働率は，一般的には定員の利用状況が正確に把握できることから，施設全体の定員に対する稼働率を用いているが，客室定員稼働率こそ経営上重要な要因である。この客室定員稼働率の向上が，宿泊観光施設の経営上で大きな課題である。

この稼働率は，とくに，大型ホテルにおいて大きな課題となる。稼働率を高めるためには，部屋の定員数を少なく設定しなおすか，施設自体を少ない定員のものにするか，さらには，団体客としての観光行動をとっている東南アジアなどの観光客を誘客するなどの方策が考えられる。しかし，これらは，いずれも観光施設の経営の根幹にかかわることであり，周到な戦略と準備を必要とする。

4　観光価値を高める総合的な取り組み

温泉観光地にあるホテル・旅館が抱えるもうひとつの課題は，温泉のもつ魅力だけでは観光客の要求に応えられなくなっていることである。温泉を利用する宿泊施設のホテル・旅館は，1970年代からほぼ横ばいであるが，日帰りの温泉施設数は，増加がつづき宿泊施設数の約半数に迫るいきおいで増えている。そこで，温泉を利用する宿泊施設のホテル・旅館にとって，温泉があるというだけで観光価値を高め，維持することがむずかしくなっている。

天童市の西部に設置された市民保養施設天童最上川温泉ゆぴあは，1997年度に開業し，入館者数は年間で66万6千人を超した。60万人を超す状況が7年間もつづき，第3セクターの経営にもかかわらず，施設の豪華さや200円という低料金の魅力で，2001年度まで黒字の経営を行っている。60万人を超す数字は，15施設ある天童温泉の宿泊施設に宿泊する年間の客の実人数とほぼ同数である。天童温泉の宿泊者は，1997年度で延べ123万4千人であるが，実数では66万9千人である。ゆぴあは日帰り温泉施設であり，天童温泉との競合はないが，これは，「安・近・短」行動の極端な例になるであろう(6)。このことは，温泉観光地にあるホテル・旅館にとって，温泉という観光資源だけにたよらない，他の観光要因もふくめた集客のための総合的な取り組みが課題となっていることを端的に示している。

現在，観光における地域間競争は，一層激しいものになってきている。これまでは，同じ地域内における宿泊施設同士での競争であったが，現在は，地域間競争の時代となっている。このような状況で，温泉観光地にとってなにが求められるであろうか。地域として一定の合意がえられる観光ビジョンをもっていること。対象とする観光客が明確なこと。観光客のこころを満たすホスピタリティがあること。各経営者の努力や投資が無駄にならないこと。これらを含めた一定の効果を顕在化させる地域的な戦略をもっていること。これらのことが必要であろう。

戦略がない地域は，目標を失い，資源が活かされず，差別的競争が激化するなかで，存在意義が薄れていき，しだいにブランド力も低下していくであろう。これらをふまえて，次章において，地域を振興させる観光戦略の在り方や実践について論をすすめてみよう。

注

(1)「温泉とは」ドリコ株式会社ホームページ http//www.drico.co.jp/onsentoha.htm　から引用。

(2) 資料は，『東北観光基本計画』 国土交通省東北運輸局　2007年を使用。
(3)「旅行・観光産業の経済効果に関する調査研究Ⅶ」国土交通省　2007年より引用。p.70.
(4)「道路統計年報」 国土交通省道路局　2007年を参照。
(5)「社会生活基本調査」総務省による2005～2006年の調査実績より。
(6) 長瀬一男「第三セクターの経営で黒字が続く天童温泉ゆぴあ」『温泉』日本温泉協会　2003年767号に詳細掲載。

参考文献

紀芳憲『地域づくり型観光の実現に向けて』日本政策投資銀行　2000年
「東方新世紀」編集事務局『東方新世紀』東北電力株式会社　2001年
須田寛『新しい観光』交通新聞社　2006年
三浦展監修『検証・地方がヘンだ！』洋泉社　2006年
奥直子・萩元謙一『地域を挙げたホスピタリティ向上戦略』日本政策投資銀行　2007年

第8章　地域を振興させる観光戦略

第1節　地方温泉観光地の苦悩

1　温泉観光地のさまざまな試み

「将棋の駒といで湯とフルーツのまち」として知られる天童市は，温泉観光が基幹産業のひとつとなっている。しかし，宿泊観光客は，1995（平成7）年をピークに，今日まで，年々減少する傾向を示している。

有名な温泉観光地にある大型施設が，営業をやめるなど深刻な状況にあるなかで，天童温泉の苦悩や課題として，次のようなことがあった。大量輸送，大量消費の団体型観光客が減少し，少人数化した個人型観光客が増え，総客数の減少と減収の傾向にあること。秘境秘湯ブームのなかで，観光客は通過型になり，従来は天童に宿泊していた客が，ほかの温泉観光地に流れていること。大型施設の設備投資額の回収が必要ななかで，少人数型施設への対応がもとめられていること。温泉観光地天童の観光戦略の十分な確立が行われていないこと，などである。

このようななかにありながらも，図8-1の天童温泉宿泊客実数の推移からわかるように，2003（平成15）年の宿泊者数の実績は上昇している。前年度対比で実数8017人が増加している。これは偶然ではなく，温泉観光地の天童市で観光振興の取り組みが行われ，その効果があらわれた結果である。

2002年から2005年まで天童市において，観光振興に関する大きな事業が行われれた。

(1) 2002年の「観光まちづくり実施支援プログラム策定事業」

事業主体は東北運輸局。リクルート㈱，実施主体は天童市と遠野市。

(2) 2003年の「おいしい山形デスティネーション・キャンペーン」

山形県，東日本鉄道株式会社，JTB，天童市など県内観光地。

(3) 2003年の「ボランティア・ホリデー事業」

事業主体は東北運輸局。実施は富士通総研，実施主体は天童市が幹事で山形市・東根市・河北町で紅花を共通のテーマに事業を実施。

(4) 2005年の「観光交流空間モデル事業」

事業主体は東北運輸局。実施主体は天童市。

天童市では，これらの事業を実施し，そこから地域課題を発掘・発見し，対応策を検討した。そして，課題の対応としてさまざまな活動を展開した。

これらの活動や成果をみながら，地域を振興させる観光戦略を考察してみる。

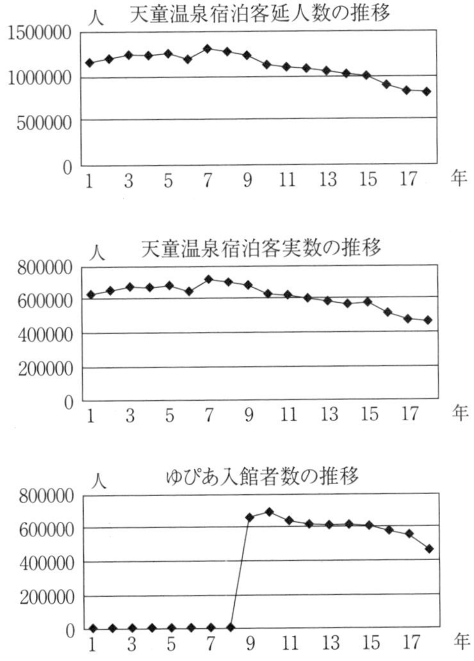

出所：「天童市の観光施設における観光客数の推移」天童市　2007年

図 8-1　天童温泉の宿泊客の動向など

第2節　天童市の立地環境

1　天童市の立地条件と交通環境

観光振興事業の内容にふれる前に事例とする天童市の概要についてみてみよう(1)。

天童市は，山形県の中央部東寄りにあり，奥羽山脈西麓に接する位置する。市の面積は113km^{2}である。南は立谷川を境に山形市と接し，北は乱川を境に東根市と接する。西は最上川を境に寒河江市，西村山郡河北町，東村山郡中山町と接している。市域東部は果樹地帯で，中央部には市街地が形成され，西部地域は扇状地前縁部から西に延びる水田地帯となっており，水田を主体とする平野部となっている。

天童市は，これまで人口定住策の一環として，住宅地の形成と企業誘致を含む産業開発を積極的に行ってきた。市街地整備の基幹施策である土地区画整理事業を，昭和30年代から実施してきた。これまで市施行が7地域，組合施行11地域で実施し施行面積は，620haに及んでいる。また，松下電気産業（現パナソニック），東北パイオニアなど大手資本の企業誘致を進めたほか，地元企業の農機具企業，家具製造業，薬品製造業，食品製造業など多岐にわたる事業

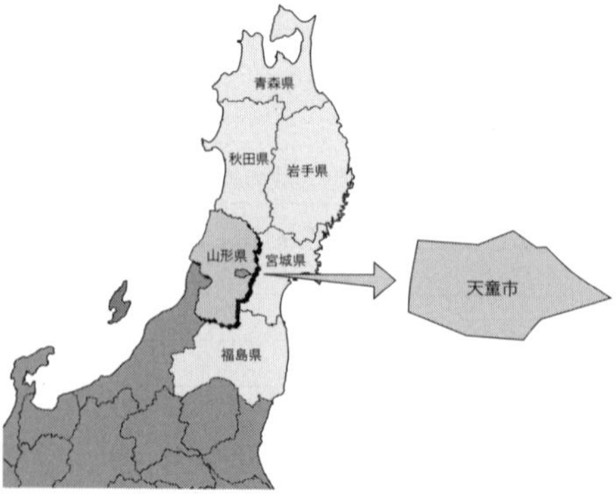

図8-2　天童市の位置

所がある。さらに，明治44年に開湯した天童温泉があり，定住のための雇用環境も整っている。

天童市の人口は，6万3864人（2008年現在）で，人口増加率は県内で第1位を保ち続けてきた。人口は山形市，鶴岡市，酒田市，米沢市に次いで第5位である。農業粗生産額は105億6千万円で県内第5位。製造品出荷額は2164億4246万円で県内第6位。商品販売額は1802億3638万円で県内5位。1人当たりの市民所得は，県内第2位で268万円となっている。

天童市の交通環境は，次のようになっている。市のほぼ中央部を南北に国道13号線が走る。その西側に平行して，羽州街道のルートをなぞった旧国道13号線が走る。さらに1㎞ほど西の水田地帯を，高速道路の東北中央自動車道路が走っている。南には約10分の距離に庄内と宮城県を結ぶ山形自動車道があり，高速道路へのアクセスの要衝にもなっている。市域のやや北寄りに仙台と天童を結ぶ国道48号線が走り，国道13号線と交わっている。

天童駅は，市のほぼ中央にあり，東京と新庄市を結ぶ新幹線の停車駅でもある。また，山形空港から車では約10分でアクセスすることができる。

東京・大阪・名古屋など大都市からの交通は，空路および新幹線による鉄道，さらに高速道路によって確保されている。また，隣接する100万都市である仙台市とも高速道路，国道によって結ばれており，約1時間でアクセスすることができる。福島・宮城・山形県にいわゆる南東北3県と還日本海経済圏との相互交流のかなめに位置している。

2　天童市の歴史的背景

天童市の歴史は，縄文時代前期からはじまる。約1700年前の古墳時代の遺跡高擶南遺跡の一部からは，大型竪穴式住居の焼失家屋など多くの住居跡が検出されている。出土品では，畿内，珠洲，関東系の流れを持つ土師器や管玉の製造工程がわかる製品があり，古墳時代前期から天童の地域で広範囲な交流があったことが判明している。

奈良時代になると，古代の土地制度である条里制が営まれた形跡が，市内では3ヵ所確認されている。この時期の和銅元（708）年に鈴立山若松寺が創建されたといわれる。「めでためでたの若松様よ，枝も栄える葉も茂る」と唄われる若松寺は，1300年の歴史をもち縁結びの寺として知られる。

平安時代になると，奥羽山脈西麓には，数多くの天台宗寺院が創建された。天童市は当時，成生庄と呼ばれ，皇室領および貴族である藤原氏の所有する荘園であった。芭蕉の「閑かさや」で知られる山寺立石寺は，立谷川扇状地の扇央部に貞観2（860）年に創建された。

鎌倉時代になると，関東武士が入り，一向宗という念仏信仰を中心とする宗教が天童地域を中心に広がりをみせた。また，この時代には，人々の供養を行うための石造物である板碑が110基ほど天童地域で建立されている。

天童市の中心にある天童古城は，天授元（1375）年から天正12（1584）年までの209年間，初代天童頼直から天童頼久まで，10代にわたって居城した山城である。この時代，市南西部の田園地帯にある高擶には，城下町プランに基づき高擶城が造営された。見越しの松や黒い板塀は，今なお，その当時をしのばせている[(2)]。

江戸時代後半，天保2（1831）年に織田信長の直系次男である織田信雄の末裔が，2万石の藩として天童に入封し陣屋を築いた。天童には，天領や織田藩のほかに，白石藩，土浦藩，館林藩など各藩の支配が入り乱れたが，商業活動は盛んになり，米などの穀物のほかに紅花や青苧などの商品作物が盛んに栽培され，最上川舟運により，関西方面に出荷された。

天童の将棋駒は，織田藩が高畠にいた時代に，米沢藩の指導者から駒づくりの手ほどきを受けたものである。駒づくり技術を天童にもたらし，産業振興策のひとつとして天童織田藩で駒づくりが推奨されたことから，将棋駒の製造が盛んになり現代にいたっている。以後，天童駒は独自の発展と高度な技術の蓄積により，全国の将棋駒の約95％を生産する日本一の将棋駒の生産地となっている。

3　天童の観光物産と温泉の概要

春に舞鶴山山頂で満開の桜のなか行われる人間将棋は，50有余年の歴史をもち全国的にも有名なイベントである。また冬には新しい名物イベントの「平成鍋合戦」も開催される。天童市では，紅花，紅葉などの自然の美しさのほかに，サクランボ，もも，ぶどう，りんご，ラ・フランス等の四季折々の果物が生産され，また，地酒，ワイン，麺，天童牛といった名産品もある。

市街地の中心地に位置する天童温泉は，明治44年に開湯された。老舗旅館から，大型ホテルまでが立ちならぶ温泉地である。

天童温泉は規模の大小のホテル・旅館がそろい多様なサービスを提供している。これらの宿泊施設について形態分類すると主に団体客や大人数および個人客を対象とした大型ホテル（コンベンション対応6施設），主に個人客や少人数を対象とした和風老舗旅館（7施設），主に個人客や少人数を対象とした中小規模のビジネスホテル（協会加盟14施設）となっている。

天童温泉の特徴として，温泉協同組合をつくり，3基の源泉を協同管理している。温泉協同組合では，源泉管理のみならず，温泉地振興のために多種多様な活動を展開しており，互いに競争相手ではあるが，一体となった活動主体となっていることは，温泉地がひとつになるという点で重要な意味をもつ。

第３節　温泉観光地天童の活性化

1　通過型から滞在型の観光地に

天童温泉の大きな課題のひとつが，通過する観光客を，どのようにして天童地域に滞在させるかということである。観光客は，山形新幹線など高速交通ネットワークの整備のなかで，まちなかの温泉地である天童を通過していく動きがあった。秘境・秘湯ブームのなかで，新幹線の整備によって，客が足を伸ばして他の温泉観光地に向かうようになっていた。その観点から，当時の温泉観光地としての天童の現況を分析してみると，数多くの問題が浮き彫りになった。

表 8-1　魅力ある観光地の要因

	滞在型観光地	通過型観光地
1 観光地の魅力	魅力ある商品 安くておいしい食事 個性あふれる土産 特色ある宿泊施設 楽しめるイベント 遊びの提供 整って便利な施設 きれいな街並み	商品の魅力不足 高くてまずい料理 特徴のない土産 個性のない汚れた宿泊施設 イベントのマンネリ化 体験メニュー不足 不便な施設 バラバラな街並み
2 地域のまとまり	地域のリーダーがいる 徹底した話し合い 決めたことは皆で実施 良好な人間関係	地域のリーダーがいない 話し合いはしてもその場限り 人間関係の調整が大変 互いに足を引っ張り合う
3 コンセプトの確立	将来像がある 魅力を創出 地元の魅力を全面に	将来の目標がみえない 恵まれた資源に気づいていない 地元の魅力をひきだしていない
4 行政や関係者などの地域連携	効果の高い行政の支援 観光客のニーズを踏まえた環境整備 コンセプトと合うイベント 地域全体が連携し同じ方向をみている	温泉観光にかかわる人々や異業種間の人々との連携がない 行政施策が的外れである 効果の薄いイベントの開催 観光客のことを考えないハードの整備
5 情報の提供	十分な宣伝，知名度高い 媒体の有効な利用 知名度の上昇 親切な案内 気配りある情報提供	知名度不足 不親切な案内 宣伝が足りない 自己満足な情報提供
6 ホスピタリティ	地域全体が十分なホスピタリティと気配り 笑顔で満足と感動のもてなし	不十分な形だけのホスピタリティと気配りの欠如 無愛想，客をもてなすこころなし
7 その他	経営の体力がある 若い世代が参加・活躍 2次交通など完備 輸送コストが経済的	経営の体力が弱い 若い世代の参加，活躍がない 2次交通がなく観光に不便 輸送コストと時間が掛かる

出所：『十和田湖観光済生のための基本方針』十和田市を参考に作成 (3)

通過型と滞在型の観光地を比較検討し，その要因をまとめてみると，表8-1のようになる。これらの要因に照らし合わせて，天童温泉を分析してみると，結果は，表に下線でチェックしたとおりであった。

宿泊観光者の減少に歯止めをかけ，増加に転換していくためには，滞在型の観光地をつくりあげていく必要がある。滞在型の観光地になるためには，その地域に住む人々が，その地域に魅力を感じていること，住みよいまちであるという思いがあることが重要である。地域に住む人々にとって住みやすいまちであれば，それは，観光客にとっても魅力のあるまちになりうる。したがって，自らのまちを魅力のあるものにしていくことが，その地域をおとずれる人々にも魅力を感じてもらえるまちになるのである。その結果として観光客や宿泊者が増加していくのである。

2 「観光まちづくり実施支援プログラム策定事業」の取り組み

2002（平成14）年，国土交通省東北運輸局では，地域住民が主体となった観光振興事業である「観光まちづくり実施支援プログラム策定事業」を立ち上げた。東北では岩手県の遠野市と天童市の２市が採択され，事業を展開することになった。

天童市では，東北運輸局，（株）リクルート，（株）JR天童駅，天童温泉協同組合，天童温泉お駒会，天童市観光物産協会，（株）JTB，天童商工会議所，地元交通機関などが構成メンバーとなり会議を進め，次の４項目について研究と分析を行った。

(1) 天童市の内部評価―観光関係者の観光に対する意識の確認（宿泊観光施設の経営者，従業員，関連業者，商店主，運輸関係者など）

(2) 天童市の外部評価―観光客側である一般圏外者の天童市の評価（東京周辺の在住者，東北地方の在住者，山形県内の在住者など）

(3) 天童温泉の活性化―地域連携まちづくりの立場からの観光振興プログラムづくり

(4) 広域連携観光の推進—広域観光地の連携による観光振興プログラムづくり

(1) 天童市の内部評価

天童市の内部評価として観光関係者の意識確認では，天童温泉の内部評価意識調査を実施した。その結果は，次のとおりである。

温泉施設に従事する当事者のすみずみまで情報が行き渡らず，まちづくりの観点までいたっていない。目的指向性や意欲性，効率性でも従事者が積極的に働きかける要素が低い。経営者と従業員等のコミュニケーションが少なく，決められた事項への効率性は高いが，創造する領域で低い。

支援するものにとっても，温泉関係者の意図や現在何を行っているかよくわかっていない。また，行政は温泉の意見や考えを重視しているものの「最後まであきらめずに目標達成できる支援」や「新しい取り組みへの支援」まで到っていない。

交通業者は，誘客力，周遊力に影響を与えるが，温泉関係者との話し合いや話しかけの機会が少なく，意思疎通が不十分のため，活動内容の相互の理解度が低い。全体として，根本的にコミュニケーション不足であり，温泉観光地としてのコンセプトの確立が不十分であり，行政や関係者などとの地域連携で観光の振興をはかる必要があるとの結果であった。

(2) 天童市の外部評価

観光客側である一般圏外者の天童市の評価については，リクルート社のインターネットサイト「イサイズ・アイターン」によって実施し，次のような結果であった。

天童温泉の知名度は，首都圏在住者にとって蔵王温泉，最上川などについで6番目の認知度。東北在住者については，天童温泉の知名度，意向度も高く，とくに仙台圏内からの訪問度が高い。全体として天童温泉はリピート型温泉地の代表格と判断できる。しかし，訪れたい意向度は天童以外の温泉地となっており，温泉の業態が問われる結果であった。

このなかで，２次交通の整備では，新幹線を利用して天童を訪問する個人旅行，小グループ旅行者に対しては，２次交通の情報を天童駅に降りた時点から準備すること。観光駅馬車のほかに，ワンコインタクシーなどオリジナル手段を創り出すこと。圧倒的に多い自家用車利用の宿泊客に向けて，地域めぐりの動きをつくりだすこと等が提案された。

(3) 天童温泉の活性化

天童温泉の活性化（地域連携まちづくりの立場からの観光振興プログラムづくり）については，６つのプログラムが提案された。

○市民主導の観光まちづくりのための推進組織づくりプログラム。
○ JR東日本の駅からハイキングなどのトレッキングプログラム。
○観光駅馬車やワンコインタクシーなどを使う２次交通プログラム。
○首都圏在住者を対象とした出羽三山連携，羽州べにばな街道シルクロードロマン，最上川舟下りなど広域連携観光プログラム。
○山寺・将棋と食，温泉情緒，雪見舟など日本の風情を提供するインバウンドプログラム。
○上記のプログラムを補完するハード施設整備についてのプログラム。

(4) 広域連携観光の推進

山形県は，各自治体に温泉施設をもち全国でも珍しい温泉競合地となっている。このなかで天童は，山形県の中央部に位置し，交通の要所という立地条件に恵まれていることから，エリアの広域連携をすすめるのに絶対優位性にある。広域連携は，持ちかけられるより，先に持ちかける方が重要であり，企画立案，連携運用には地域自らの発信が不可欠である。天童は，広域に共通する観光テーマで連携の企画を立案し呼びかけることが有効な立場にあることがわかった。広域連携による観光振興については，天童市が主体的に広域連携の観光を他地域に働きかけることが提案された。広域連携は，先にもちかけることが重要であり，観光地ではその視点をもつことが大切である。

3　地域連携による観光振興の取り組み

観光振興プログラムの提案を受けて，温泉関係者，観光や商業関係団体，JR 天童駅，行政が集まり，地域連携まちづくりの立場からの戦略をたてた。

2004（平成 16）年に展開される「おいしい山形デスティネーション・キャンペーン」をきっかけにして，天童独自の観光地地域づくりをすすめるというものである。それには，最初に，埋もれた資源を発掘・発見して，それらを地域の共通の魅力あるものにすること。それらをまとめた情報媒体をつくり天童をおとずれた人々に提供すること。観光関係者だけでなく，一般商店やおいしいものや特徴ある商品を取り扱っている店舗など，全てを対象にすること，などであった。つまり，資源の再発見による観光の振興のために，生活空間を観光空間にした取り組みを行ったのである。

これを主導したのは，温泉の女将たちと温泉青年部である。温泉宿泊施設の経営者は，事業関係者との関わりがあり支障があるため，活動の先頭に立ったのは，温泉観光地のシンボルであるホテル・旅館の女将たちと温泉組合の若手のグループである青年部のメンバーである。

さらに，これらを陰で支える異業種交流グループがあった。異業種交流グループは，地元出身の大学教授の呼びかけで 2001 年につくられたもので，会員には大学教授，JR 天童駅長，商工会議所専務，銀行支店長，東北電力（株）天童営業所長，天童郵便局長，JTB 山形支社専務，博物館館長，報道関係者等がいて，観光物産課が事務局となり総合調整を行った。

この組織が観光振興の理念づくり，支援協力，報道関係で大きな力となり，天童の観光まちづくりを支えることになった。とくに，羽陽学園短期大学教授をとおして，学生が観光イベントやまちづくり活動に参加するようになったことは，画期的なことであった[(4)]。

天童温泉には規模・経営形態において多様な宿泊施設がある。そのなかでライバル意識を捨てて，お互いに情報を交換し，温泉観光地天童の振興のために努力しているのが，女将 12 名のグループ「お駒会」（高橋ゆき江会長）である。

「お駒会」と青年部が最初に取り組んだのは，観光資源発掘である。市民が日常生活の中で，とくに好んでいるもの，おいしいもの，楽しんでいるもの，楽しんでもらえるもの，歴史や文化で興味のあるもの，自慢できるものを調査しまとめる作業を行った。その作業の中で，「お駒会」と青年部は，まちなかの商店，食堂，飲食店，美術館，博物館，観光関連施設などをくまなく歩き回り，趣旨を説明して理解と協力をもとめた。温泉にきた観光客をまちなかの商店などに送客するので，客の期待に応えるサービス対応の協力をもとめた。これの集大成として情報発信のためつくったリーフレットが「女将オススメぐるっとマップ」である。

マップは，「おいしい山形まるかじり天童物語実施本部」が印刷発行した。実施本部のシンボルは，ニコニコ笑顔のイラストの女将たちである。このマップには，新幹線，飛行機，自動車，バスなど天童への交通アクセスをのせた。地域情報として，ワンコイン（500円）で楽しめるホテル・旅館の入浴，タクシー，そば，ワイン・酒・ビール，甘味，食事，果物食べ放題，お土産，メール便などのサービス商品をのせた。

さらに，女将たちが日頃おいしく食べているもの，好物などを集めた自慢の店と品物を掲載した。おすすめ観光スポットには，広域観光の情報まで取り入れた。年間をとおしたイベント情報のほかに，５つの体験物語として，「若松寺縁結び街道」「山寺・天童湯ったり街道」「天童の自然・歴史街道」「宝物発見街道」「うまいもの街道」の物語をのせた。宿泊施設の紹介では，ニコニコ笑顔の女将が「わが宿案内」で施設の自慢情報をのせた。

このマップは，さきにあげた天童温泉活性化の６つのプログラム情報を簡単にわかりやすくまとめた内容である。課題として提起された現地情報の提供機会の増設「温泉」目的者に対する２次情報をこれにより，発信したのである。

マップは，「おいしい山形デスティネーション・キャンペーン」に展開に先立ち５万部印刷し，ホテル・旅館はじめ JR 天童駅や公共機関，参加協力する店や観光施設にすべてそなえつけられた。市内を歩くための情報がのせられているため来客からは好評で，まちなかをこのマップをもって移動する旅行者の姿があちこちでみられた。第1版は，これまでのパンフレットとは全く異なる動きで，およそ4ヵ月で品切れになり，急きょ第2版を3万部追加印刷した。このマップは，現在第4版までにいたっている。温泉観光においては，日常生活の中の資源である「宝物」をいかに発掘し情報を発信していくかが重要である。

4 「まるかじり天童物語」観光キャンペーンの展開効果

これに先立ち，天童市では2004年2月19日に，地域をあげて観光振興の推進母体である「おいしい山形まるかじり天童物語実施本部」を組織し，総決起集会をひらいた。天童温泉協同組合が事務局となり，温泉関係者，観光や商業関係団体，JR天童駅，行政，観光施設，さらに上記の参加協力店などのほか，山形市山寺の観光関係者も行政区域を越えて約350名参加し，観光振興の推進組織を立ち上げたのである。

このとき，当時JR東日本仙台支社長であった清水愼一氏（現：JTB本社常務取締役）が，天童の観光振興策を，集まった人々に説いてくれた。また，天童の人々が同じ目標に向かって進むとき，JR東日本は全面的に支援する旨の講話をしてくれたことから，地域としての活動の機運が一気に盛り上がり，活発に動き出すことになった。

JR東日本仙台支社は「女将オススメぐるっとマップ」の作成はじめ，多種多方面で天童の観光を支援した。仙台支社着地観光開発旅行の新商品である「涼し音（ね）の里天童」（5月～9月）をつくり5月12日に販売開始した。

キャンペーンが終わったあとも，さらに引き続き「美し稲の里天童」（10～11月），「温かい音天童」（12月～3月），「咲いた音天童」（4月～6月）の宿泊商品を展開した。女将たちをシンボルにした商品は，非常に人気をよんだ。

2004年7月1日から9月30日まで山形県全域を重点的に誘客する大型観光キャンペーン「おいしい山形デスティネーション・キャンペーン」と連動して

図 8-3 「女将オススメぐるっとマップ」と新商品パンフレット

天童市では「まるかじり天童物語」観光キャンペーンを展開した。天童駅では，6月から9月まで「駅から始まる天童温泉：女将の癒しで「おもてなし」」として，山形新幹線「つばさ 113 号」(15 時 32 分) 到着の客を，天童温泉の女将が毎日交代で出迎える活動を 122 日間つづけるなど，JR 天童駅長の国分幸一氏がリードし，次々と新企画を実施した。期間中，JR 東日本が企画したパック商品で山形県内を訪れた観光客は，3 万 204 人で，前年同期比で 44.3%の伸びを示した。

「まるかじり天童物語」キャンペーンでは，JR 東日本との連携事業による「涼し音の里天童」などの宿泊商品が展開された結果，この商品の天童温泉宿泊者が 4 千 500 人を超す実績をのこしている。また，7月から9月までの3ヵ月間の天童温泉の入り込み状況は，宿泊者数が，9万3千74人。日帰り客数が3万 1929 人で合計 12 万 5003 人という結果であった。前年同期比で 4.71%増加し，宿泊者で 2.28%，日帰り客数は，10.65%の伸びをみせたのである。このことは，地域が動けば，観光が動くことを証明する結果となったのである。

表 8-2 「まるかじり天童物語」の内容と実績

商品・イベント	実施期日	期間	実施概要	内容など
オープニング・イベント	7月1日		天童駅など	天童駅で紅花生花と将棋値付け駒プレゼント
おいしい山形どっさりプレゼント	7月～9月	3か月	各ホテル旅館	各ホテル旅館で抽選会を実施
女将オススメぐるっとマップ作成	6月～		まるかじり天童物語本部	温泉観光地の魅力満載のリーフレット5万部印刷配布
「涼し音の里天童」 新規設定旅行商品販売	6月～9月	4か月	2000名JR東日本管内	誘客商品を首都圏，甲信越等のびゅうプラザで販売内容等の魅力アップ
天童駅での女将のお出迎え	6月～9月	4か月	毎日延べ122日の出迎え	東京駅発12時37分つばさ113号を天童駅で出迎え
くちびる美人コンテスト	6月～9月	4か月	参加者4500名全温泉施設	このほかに山寺との連携で出張コンテストを3回実施
○駅長おすすめ小さな旅			JRで行っている小旅行	歴史・文化・食などふるさとの魅力を探訪する気軽な旅
・歴史探訪板塀と見越しの松探訪	6月26日 7月11日	1日	95名 59名	高擶のまちなか歴史・文化散策地区のメンバーが案内
・芭蕉の俤をたずねて	8月7日	1日	78名	芭蕉の俤にちなみ，紅花つみ体験，文化探訪
・山寺駅からハイキング	8月21日	1日	34名 40名	山寺駅からハイキング市，天童温泉入浴
・縁結び古寺巡礼	8月29日	1日	33名	縁結びの寺若松寺歴史散策
・天童織田藩散策	8月29日	1日	87名	天童織田藩関連歴史散歩
・若松寺巡礼の旅	9月11日	1日		若松寺古道散策座禅体験
・山寺駅からハイキング	9月11日	1日	66名	山寺駅からハイキング市，天童温泉入浴
・歴史探訪板塀と見越しの松探訪	9月25日	1日	66名	高擶のまちなか歴史・文化散策地区のメンバーが案内
山寺天童温泉ライトアップ鑑賞	7月3日から連日	3か月	1080名	天童温泉宿泊者をライトアップツアーに勧誘温泉全施設連携でバスの送迎，案内
天童温泉踊る花笠まつり	8月8日～9日	2日間	温泉客350名が参加	宿泊者と地元踊り手が参加し花笠踊り全体で4万人参加 天童市の観光物産交流都市館林市が躍り手として10名 また，交流地千駄ヶ谷商店街が15名躍り手参加

日本一の芋煮会連携ツアー	9月5日	1日	温泉客50名がツアー参加	山形市開催連携事業として展開した
JR東日本ジパングクラブ趣味の会フェスティバル	9月7日～8日	2日間	全国から530名参加	趣味の会会員が14講座に別れて開催ホテル旅館に分宿実施
杜の賑わい「田楽祭」	9月12日	1日	天童宿泊253名	県全体の民俗芸能のフェスティバル
JR東日本囲碁・将棋大会	9月20日～21日	2日間	154名宿泊参加	全国から参加

出所：JR東日本天童駅「おいしい山形デスティネーション・キャンペーン」実績概要　2006年から

5　新たな観光の試み「ボランティアホリデー」

現在の地域社会において，これまで地域活性化施策の中心であった公共投資，工場誘致，リゾート開発などは，その効力が希薄になり，地域活力の衰微が課題となっている。地方圏，とくに都市機能の乏しい中山間地域では，経済の低迷による雇用の減少に加え，過疎化による少子高齢化が進行し，地域活力の低下や地域コミュニティの崩壊が問題となっており，地域再生が大きな課題となっている。また，こうした地域では，地域の資源や特性を活かした魅力ある地域再生のあり方が模索されている。さらに，これまで，社会の動向に大きな影響を及ぼしてきた団塊の世代が，大量に退職し，退職後の暮らしをどのようにするかという生きがい対策も含めた人口の構成上における社会的課題がある。

こうした背景から，過疎化の進んだ中山間地域を中心として，定住人口・交流人口の拡大により地域再生を目指す地域が増えており，その施策としては，「農林漁業の体験プログラム」や「都市と地域の交流イベント」といった観光を中心とした短期滞在のものから，「農業研修」や「ワーキングホリデー」といった労働を中心とした長期滞在なものまで，幅広い取組みが行われている。

「観光立国行動計画」が平成15年度に決定されて以来，長期滞在型の交流人口拡大施策は，観光による地域振興策としても期待されている。しかし，長期的な交流人口拡大を実現している取組みは，少ないのが現状で，新たな発想による取組みが望まれている現状にある。こうしたことから，平成16年度に，国土交通省と総務省の連携により，「交流人口拡大による地域活力向上のための施策モデル（ボランティアホリデー）構築に関する調査」が実施された。

この調査は，市民ボランティア活動を契機とするもので，大都市圏と地方圏との一過性ではない長期的な交流人口の拡大を行うこと。そして，1）地域魅力の発掘・創出・発信，2）地域人材の育成，3）観光等の交流による経済効果の実現など，「ボランティアホリデー」のしくみの確立をめざすものである。

そのねらいとしては，都市部の住民が農山漁村を中心とする地方に長期滞在しながら，ボランティア活動をする新たな企画の長期滞在型交流の場の創出である。この事業の実施により，都市部と地方の交流人口の拡大が図られる。そのなかで，観光等の経済効果が得られるばかりでなく，交流を通しての来訪者による新たな地域の魅力の発見といった副次的な効果も期待できる。さらに，都市部の住民はボランティアを通して地域に貢献し，地域住民との交流の機会が生まれることで，これまでの観光旅行とは異なった心の琴線に触れる新たな観光体験が可能になる。

モデル地域として応募があった国土交通省運輸局管轄で，北海道，東北，四国，九州の4ブロック計18自治体を実施対象として，官民連携の委員会の立上げ，受け入れ地域と来訪者（大都市住民）のニーズ調査，来訪者の募集方法と適正なプログラム，地域人材の育成，継続的な運営方法等について基礎調査を実施し，分析・検討を行い，モニターモデル事業を実施した。

モデル事業を実施する地域として選ばれた18自治体では，ブロックごとに，所管運輸局とこの事業の推進調整役を果たした富士通総研の指導とアドバイスを受けながら，次のようなメニューを設定し実施した。

北海道ブロック（常呂町，女満別町，斜里町，阿寒町）

常呂町（遺跡発掘作業，保育の仕事など）

女満別町（長芋の収穫作業，トマトジュースの移送作業など）

斜里町（大鷲・エゾシカの飼育作業，知床国立公園整備など）

阿寒町（鶴の飼育や池の清掃，移動図書館の貸し出し返却作業など）

東北ブロック（山形市・天童市・東根市・河北町）

山形市（食用菊摘み作業，立石寺の案内・環境整備など）

天童市（りんご果樹園でりんご収穫，新そば試食の準備作業など）

東根市（ふじりんごの品評会作業，ラ・フランスの箱詰めなど）

河北町（りんごの箱詰め作業，バラハウスの出荷作業など）

四国ブロック（安芸市，夜須町，西土佐村，大方町）

安芸市（地鶏の世話，ゆずの収穫，陶芸体験補助など）

九州ブロック（東町，長島町，出水市，阿久根市，高尾野町，野田町）

出水市（みかんの収穫，名物牛車の牛の世話など）

東北ブロックの３市１町は，山形県のほぼ中央部にあり，紅花という共通観光資源や，史跡など集中した観光地であることから，中心に位置する天童市が幹事となって，２市１町に呼びかけを行った。各自治体では，それぞれの特徴を生かしモデルとなるメニュー作りを進めた。

天童市では，大阪からのツアーモニターとして，ご夫妻２名を受け入れたが，１週間の滞在のうち，りんごの収穫作業，新そばの準備作業のほかに，温泉めぐりや，観光施設めぐりを体験する企画を準備した。コーディネーターを務めたNPO法人の女性社員が，出迎えから，交通機関の案内，食事，ボランティア活動をする訪問先への案内，宿泊場所や観光施設，観光地の案内など小さなことまで相談に乗り，アドバイスを行った。このボランティアホリデー事業の成否は，コーディネーターがいかに機能するかである。キーポイントは，提供する地域の特色あるメニューのほかに，現地におけるコーディネーターが，いかに訪問者をコーディネートするかにかかっている。

こうした，モニターツアーを実施した結果，交流人口の拡大に向けたボランティアホリデーの有効性と今後の方向性が確認された。

このボランティアホリデーは，ボランティアを通じての交流であることと，地域産業を含めた生活・文化・歴史の総体を活用し，交流のための資源にするボランティアを通しての交流であることから，訪問者は，お客様という立場ではなく，積極的・主体的に地域とかかわりをもつことになる。迎え入れる方も，献身的で一方的なもてなしを行うのではなく，共同作業者として訪問者をとらえられ，生活・文化・歴史の総体の伝達者としての役割を果たすことになる。そして，ボランティアホリデーには，来訪者が地域に溶け込む仕組みが内在するのである。

参加したモニターからは，1週間の天童市での活動について「今回ゆっくり滞在したことで，交流した人々が初めてあった他人なのに，親戚や友達のように思われて，天童が親しみのある地名になった」と感想が寄せられた。

全国4ブロックの自治体で，モデル事業を実施した結果，国土交通省運輸局と富士通総研の調査研究の結果では，次のことが明らかになった。生活・文化・歴史の総体を活用していることから，ボランティアホリデーは，①交流滞在の長期化，②地域の個性・独自性の発見・発掘，③交流の通年化などに有効であり，交流の拡大向上，リピーターの確保や，定住・半定住（二地域居住）のきっかけになる。

受け入れ地域が交流人口拡大に期待する効果として，次のことがあげられる。訪問者が長期滞在することから，一人当たり，1日当たりの宿泊費等の観光消費単価は低いものの，長期滞在・通年訪問・リピートが期待されることによって，地域の観光関連産業への寄与が期待され，長期滞在型観光を実現する。さらに，受け入れ地域の住民の活性化の面では，交流による人的な刺激によって，過疎・高齢化地域の活性化が期待される。ボランティアホリデーにおいては，必要な地域に必要な交流という刺激がもたらされることとなり，受け入れ地域住民の活性化が期待される。

地域に不足する資源や機会の提供という面では，訪問者が専門的知識・資格や技術を具有している場合，過疎地域では不足しがちなこれらの知的資源や機会を，具体的なボランティア活動を通じて得ることができる。

都市部からの訪問者に交流がもたらす効果としては，いわゆるリゾート地以外にも，豊かな自然や優れた景観をもつ地域は多く，自然や農業・漁業に関連するボランティアメニューをもつこうした地域での滞在体験は都市住民の多くのニーズと合致する。そして，定年を迎えて豊富な余暇時間を得る団塊世代，職業体験を含む多様な体験を求める学生等においてボランティアニーズは高く，ボランティアホリデーは，これらのニーズに十分に応えるものである。このボランティアホリデーは，各地域において現在も継続されているが，今後の新たな観光戦略の一つとして，期待は大きいものがある。

第４節　広域連携による交流の創出と観光の活性化

1　広域連携観光の取り組み

(1) 観光地山寺との広域連携観光

観光客にとって，行政区域はあまり関係がない。旅行者の行動範囲が広域のものとなっている現在，広域的な観光を目指さなければ，観光需要には十分に応えられない。このようなことから，天童温泉の新たな戦略として行政区域を越えた広域連携観光に取り組んだ。最初に取り組んだ観光地は，隣接している山形市の山寺地区である。

天童温泉から7kmほどの近距離にある山寺地区は，山寺立石寺があり年間70万人の客がおとずれる有名な観光地である。天童温泉の女将たちは，温泉宿泊客を山寺地区に送客して，客には観光の魅力を大きなものにしてもらうことを目的にした。また，山寺の観光関係者には，地域振興の一助となるように送客することにしたのである。その際，送客した人々に十分なもてなしのこころで，満足していただけるように，山寺地区の観光関係者に努力を依頼した。その結果，夜の山寺ライトアップや，お出迎えのともし火などを準備し，夕方になると早々に閉店していたお土産の店を開くなどの対応をした。さらに，夜間のコンサートや立石寺の僧侶による講話などを準備し，手厚いもてなしで客を迎えた。

天童温泉宿泊客に向けた夜間観光バスでの新オプショナルツアー「山寺ライトアップ芭蕉号」は非常な人気を呼び，3ヵ月で1080人の利用客があった。このツアーは，温泉の魅力に加えて，歴史・文化を探訪する夜の山寺をおとずれる内容である。初めての試みであったが，観光客のニーズに対応した広域連携事業で，観光客にとっては，観光の魅力を増す企画であったため，好評を博す結果となった。山寺地区にとっては，これまで観光客には無縁であった夜間の観光ができたことが新たな観光の魅力づくりにもなった。このようにして，行政区域を異にする2つの観光地が信頼関係を結び，既成概念にとらわれずに新たな観光をつくりだし，試みが成功したことは，今後の観光にとって大きな示唆となるであろう。

(2) 最上川舟下り観光との広域連携観光

山寺との広域連携観光が確立して，次に広域連携の目標としたのが最上川舟下りである。山形県の母なる川最上川は，水上交通が盛んであった時代に，この流域の経済・文化の大動脈として大きな役割を果たしてきた。一方，さまざまな形態の観光振興策が展開されているいま，あらためて最上川流域の自然・歴史・文化と観光を見直すリバーツーリズムの動きが活発化している。そこで，最上川舟下りを中心にして，最上川流域から新たな広域観光の情報発信するために，これを目標とした。

2005年に東北運輸局では，国内外からの交流人口を拡大する地域づくりのために，地域の自助努力による観光交流空間づくりの「観光交流空間モデル事業」を立ち上げていた。天童市では「観光まちづくり実施支援プログラム策定事業」にひきつづき支援を受け「観光交流空間モデル事業」を実施することになった。

この事業の研究テーマは，2つである。ひとつは，天童温泉宿泊客に舟下り観光を提供する場合，広域連携ができるか。また，2次交通の確保をどのようにするか。2つは，四季をとおした観光の新たな魅力として観光客のニーズに応えられるか。そして，誘客促進のための戦略が築き上げられるかということである。事業内容としては，広域連携の働きかけ，モニターツアーの実施，首都圏，東北圏などを対象にした観光需要の全国アンケート調査を実施した(5)。

広域連携は，舟下り事業を行っている最上峡芭蕉ライン観光株式会社に呼びかけた。内容は，天童温泉宿泊施設全体が協力し四季をとおしてツアー客をまとめて送客すること，観光バスを運行し，天童温泉までの出迎えをお願いしたいこと，さらに，ツアー費用で特典をうちだすこと，舟下りの途中で，地元の郷土料理を提供し，さらにもてなしの心で対応すること。新幹線新庄駅まで復路の交通を確保し送りとどけることなどを提案した。山寺との連携と同じく，天童温泉はお客の観光の幅を広げることや，宿泊観光客を送客し，舟下り事業がにぎわうことを目的にしたのである。

この内容に対して，最上峡芭蕉ライン観光株式会社では趣旨に賛同し，全面的に協力し事業を展開することになった。2次交通が確保され，送客・受け入れ態勢ができたので，最初に，モニターツアーを実施することになった。

歴史ロマン最上川舟下りモニターツアーは，大学教授，官公署の代表者，経済・産業団体の代表者，ホテル旅館の関係者，NPO団体，ボランティアガイド，他市町の観光関係者，天童市観光物産課職員など30名が参加し，2004年3月3日に実施した。モニターツアーのアンケートによると，改善する点はあるものの，天童温泉などと最上川舟下りによる連携は，観光客の重要度も高く，今後大いに推進すべきであるとの方向性が得られた。しかも，四季を通して魅力があるという結果が出て，通年観光の場となることも確認された。

一方，インターネットによる「最上川広域連携事業について首都圏及び全国アンケート調査」では，「天童温泉の認知と旅行経験」をみると，首都圏の4割弱の人が知っており，約16%の人が来訪しているという結果であった。また，「天童温泉と最上川専用バスで結ぶツアー」の参加希望については，全体の約6割が参加してみたいという結果であった。地域別では，「首都圏」の回答が68.9%で，「東北」の回答者が76.0%，その他全国の地域でも，52.7%が参加したいと答えた。温泉と連携した舟下りに対する参加希望が非常に高い結果が得られた。とくに，20代の女性や専業主婦などの回答者からの参加希望が多く，こうした客層に対する観光戦略の対応が必要であることも明らかになった。

これらの結果から，広域連携が可能で，2次交通も確保され，新たな魅力の観光事業として十分にニーズに応えられるものであることがわかった。なお，2次交通である定期観光バス芭蕉号は2004年12月から新設し，2005年3月まで試行したが，12月は9人の利用であったが，3月までは216名の利用客があり，「雪見舟」と「ほかほか郷土料理」は，閑散期である冬期間の新たな観光資源として利用客の増大が可能であることがわかった。

2　都市間交流による観光の活性化

天童市では，現在，歴史・文化・観光物産関連で，茨城県土浦市，群馬県館林市，北海道網走市と観光物産協定を，さらに，宮城県多賀城市とは交流都市の盟約をむすび，観光物産の交流事業を展開している。天童で行われる人間将棋や花笠踊り，秋の物産祭りには，それぞれの市の観光物産の紹介や特産品の販売などを行っている。さらに，年に2度，観光物産展で交流を深めている。こうした都市間交流は，観光物産と人の交流が行われる新たな活動として注目される。

天童市は将棋のまちであり，日本将棋連盟の本部が東京都渋谷区千駄ヶ谷千駄ヶ谷にある。このことから将棋つながりで，千駄ヶ谷地区町会連合会（鈴木銀三郎会長），商店街振興会（牛久保英昭理事長）や，NPO団体の役員でもあり，地域振興の企画運営を行っている井上健司氏の呼びかけで，2003年から千駄ヶ谷の町内会，商店街振興会と天童温泉は，毎年，交流を続けている。千駄ヶ谷で7月下旬に行われる夏祭りには，天童温泉の女将が先頭に立って観光関係者と花笠踊りなどを披露しているほか，平成鍋合戦東京冬の陣による山形郷土料理の紹介なども行っている。千駄ヶ谷からは，天童温泉に宿泊し，天童夏まつり花笠踊りへの参加，「みちのく温泉・果物満喫ツアー」などによる文化交流・人的交流が行われている。交流を拡大することは，地域の振興に大きな効果をもたらす。地域の振興をはかるというお互いに共通の目的をもっての活動は，互いにメリットがあり，継続する力にもなる。しかも，これらは，官の信頼性と民間の活力が一体となって行われる活動であり，今後，官民連携の都市間交流による観光振興のモデルケースとしてとらえることができるであろう。

第５節　温泉観光地の今後の新たな試み

1　リピーターの確保とホスピタリティ

減速経済の中で個人所得は伸び悩んでおり，消費意欲は減退しつつある。観光動向を見ても，上向くきざしは見て取れない。しかも，国内観光地域間で格差が生まれており，温泉宿泊経営者にとって，顧客を確保することは，経営に関わる大きな課題である。顧客の維持・確保のためには，観光関係者はもちろんのこと，地域全体がなによりもホスピタリティをもちつづけることが重要である。

『地域を挙げたホスピタリティ向上戦略』によると，「宿泊施設の持続的な経営のためには，現下の顧客ニーズに丁寧に応え，おもてなしの向上など顧客満足の基礎をしっかり固める取り組みを充実させながら，既存顧客，即ちリピーターの維持・増加を図ることが肝要となってくる」と指摘している。そして，「観光産業のもたらす便益を十分に享受するためには，宿泊施設と同様に，観光地域にとっても入込客のベースとなるリピーターの維持・管理を図ることが重要である」と述べる。さらに，「観光客を受け入れる宿泊施設と観光業者が一体となり，顧客満足度を高めるためには，再訪意欲の向上に資する地域を挙げたホスピタリティ向上の取り組みが重要となる」と述べている。

同書によると，宿泊施設の顧客満足度の向上に資する高品質な取り組みを把握するため，リピーター率（30％以上），総消費単価（2万円以上），定員稼働率（50％以上）22の施設に対して調査を実施したところ，①「人と環境にやさしいおもてなし」と「まちなみ」，②「食事によるおもてなし」と「食事」，③「人によるおもてなし」と「ホスピタリティ教育」，④「おもてなしのための顧客分析」と「PR」が重要であり，宿泊施設と地域の観光関係者がこの視点に立って顧客満足度の向上，再訪意識の向上を通じてリピーターの維持・増加につなげるためには，地域挙げてのホスピタリティ向上の取り組みを行い，観光地全体の魅力度を高めていくことが何よりも重要であるという。

顧客分析については，ロイヤリティの高い重要顧客に重点的にマーケティング活動を行い，効率よく売上げにむすびつけることが可能になる。実際に売上げや利益の大部分は一部の顧客からもたれらされている場合が多いという。イタリアの経済学者パレートは，「全体の２割程度の高額所得者が社会全体の所得の約８割を占めており，こうした分布は所得以外のさまざまな現象にも当てはまる」ということを発見した。これは「8対２の法則」などと呼ばれている。商品販売のためには顧客の選別が必要であるという。これは，下位の顧客を切り捨てよというのではなく，商品購入の機会を増やすための施策が必要であり，中位客には購入頻度や購入金額を増やすための施策，上位顧客にはシェアやロイヤリティを高めるための施策を講じる必要がある，ということを述べているのである(6)。

ホスピタリティで最も重要なことは，ヒューマニティである。人間が人間として人間に対して行うおもてなしである以上，顧客を思い，顧客のモチベーションを高め，顧客にとって益になることを，ヒューマニティをもって対応することが必要であり，他を利するこころを常にもち続けることが重要である。さらに温泉観光地にとって，地域全体でホスピタリティをもつことが重要である。

2　温泉観光と医療との連携の試み

ホスピタル（病院）とホスピタリティ（親切なもてなし）は，同源の言葉である。ラテン語で，「客間」を示すこの言葉は，「ホテル」･「ホスト」との縁語でもある。医療機関は，現在，きびしい経営状況におかれている。全国公立病院の７割が赤字経営におちいっており，その対応が迫られている。赤字の要因は医療制度によるものや，施設自体がもつ内外の環境がある。

これまで検証してきたように，温泉観光地もきびしい経営環境におかれている。そこで，温泉観光と医療の連携の試みについて述べてみたい。内容は，温泉施設と病院が連携し，温泉や観光を楽しみながら，人間ドッグなどの健康診査を行うものである。健康が気になる年代である40歳代から高齢者までを対象に，観光と健康診査を一体にした商品をつくり，温泉宿泊施設では，温泉や観光の楽しみを提供する。病院では健康診査のほかに，健康づくりのための健康講座や健康指導を行う。健康診査は，基準単価と自由裁量の部分があり，収益につながる方法も想定される(7)。

天童であれば，たとえば，温泉観光地天童に対してロイヤリティをもつ首都圏などの顧客に呼びかけ，温泉と観光と健康診査のサービスを提供することが考えられる。この呼びかけは，医療法による制限で病院ではできないので，温泉宿泊施設が行うことになる。

温泉観光地は，顧客にとって不可欠な健康の保持という新たな魅力の商品を，観光に付加価値をつけて，提供するのである。

病院にとっては，収益に結びつくことはもちろんであるが，ホテル・旅館などとの連携で，質の高いホスピタリティがもとめられることから，必然的に，ホスピタリティの向上に結びついていくことになる。ホスピタリティの向上は，入院患者や外来患者の増加や医業収益の増に結びつく。徳島県の坂出市立病院では，院長が職員の意識をめざめさせ，ホスピタリティ向上運動を行った結果，赤字病院が黒字の経営に好転したのである。

以上のように新たな観光戦略として，異なる分野の温泉観光と医療の連携の試みを提案するものである。

3　資源の再発見と地域連携で観光の振興

2006年4月，天童温泉の女将たちと観光果樹園天童フルーツランド，JR天童駅などが連携し，山形県の肝煎りの事業として，バスによる「桃源郷ツアー」が実施された。東部果樹園地で，国道48号線沿線にあるフルーツランドのサクランボの花見と天童の歴史を訪ねる新たな観光事業である。女将が宿泊客にサクランボの花の見事さや月山の遠望の魅力を語り，現地では，組合員が観光客の案内やもてなしを行い，たいへん好評であった。

この発想と実践がとても大事である。女将は，お客の立場に立ってどうしたら天童の魅力に触れてもらえるのかと考えたこと。女将とフルーツランドの組合員が連携して，観光客のもてなしを行ったこと。さらに，いままで，サクランボの花や青空の中の真っ白な月山の遠望が，観光資源になることに気づいていなかったことに，気づいたことである。

中世に形成された城下町の高擶には，黒い板塀と見越しの松のみごとな景観が残されている。2004 年に，地元では，日常空間を観光空間としてとらえることを研究・調査し JR 天童駅と連携しツアーを組んだ結果，定員オーバーの申し込みがあり，2 度のハイキングツアーを実施した。地域づくり委員会の事業として地区民全体の協力で，受け入れ・案内，地元産サクランボのプレゼントなどを行い，参加者から感動と感謝の声がよせられた。

このツアーは今なおつづけられているが，地域づくり委員会を中心とするこうした活動が，2006 年に文部大臣表彰を受ける結果となった。

悠久の歴史をもつ縁結びの若松寺は，開山 1300 年を迎えた 2008 年にこれまでにないにぎわいをみせている。天童温泉の女将たちが「まるかじり天童物語」で鈴（涼）の音ひびく「若松寺縁結び街道」と位置づけてから，若松寺（氏家榮脩住職）は，12 の坊や地域の人々と一緒に多彩な行事を展開してきた。途中，JR 東海鉄道の須田寛会長（現：相談役）による山寺立石寺との連携などの提案もあり，広域連携の発想で情報の発信をつづけてきた。その結果，参拝者が 2005 年には 8 万 3200 人であったものが，2006 年には 14 万 700 人，2007 年には 20 万人，2008 年には最上三十三観音子年連合のご開帳行事とも重なり，連日大型バスが連なり，30 万人を超すいきおいで増えつづけている。

観光資源を考えると，3 つのことが考えられる。ひとつは自然の観光資源，2 つは歴史・文化などを含む社会的な観光資源，3 つは地域における人的な観光資源である。現在の観光客の動向は，大量輸送，大量消費型から，小グループ型，専門分野追求型になってきている。これらのニーズに対応していくためには，魅力ある観光資源の発掘，その資源の活用，活用するための人的対応と地域連携が必要である。「桃源郷ツアー」「若松寺」「黒い板塀と見越しの松の城下町風情高擶」は，これらの条件を満たしていたからこそ，好評を得る結果になったと考えられる。

天童温泉の女将が実践した，山寺との連携・最上川船下り連携は，非常に評価が高い。地域が一体となって連携し，埋もれている多くの観光資源を発掘し，行政区域にとらわれないグローバルな視点に立って，おもてなしのこころで観光振興策を展開すれば，どこの温泉観光地でももっともっと光彩を放つものとなるであろう。

注

(1) 天童市の立地環境は，天童市ホームページ tendoshi@city.tendo.yamagata.jp を参照にして加筆した。2007 年 9 月現在。
(2)　第 5 節 3 で内容を説明。
(3) 十和田市『十和田湖観光再生のための基本方針』十和田市　2008 年 8 月　p.23, 24 の図を参考に作成。
(4)「熱血！ふるさと対応　千人の力コンテスト」NHK 放送局が主催するコンテスト番組。2002 年 1 月 14 日放送コンテストは 3 回目に，大分市，高松市，北九州市 ，横浜市の全国からと，天童市が参加。 天童市では，「人間オーケストラ」をテーマに，羽陽学園短期大学を中心にして実行委員会を組織し，学生がリーダーとなって，体を楽器にしたオーケストラに取り組む。子どもから高齢者まで千人に対して講習指導を実施。結果は準優勝であったが，以来，学生が市のイベントやまちづくりに積極的に参加するようになった。
(5) この調査は，天童市と交流を行っている千駄ヶ谷の NPO 法人 AVA がインターネットにより実施した。
(6)〔新版〕『MBA マーケティング』グロービス・マネジメント・インスティテュート編著　ダイヤモンド社　2007 年　p.195.
(7)　温泉と医療の連携については，信州大学大谷毅教授のご教示によるものである。

参考文献

国土交通省東北運輸局『天童地域観光まちづくり実施支援プログラム策定事業報告書』国土交通省東北運輸局　2003 年

国土交通省東北運輸局・天童市『最上川との連携による温泉地の新たな観光魅力づくりのための基礎調査事業報告書』国土交通省東北運輸局　2005年
奥直子・萩元謙一『地域を挙げたホスピタリティ向上戦略』日本政策投資銀行　2007年

[著者紹介]

油川　洋（あぶらかわ　ひろし）

最終学歴　日本大学大学院法学研究科政治学専攻（修士課程）修了（1970年）

現　　職　尚絅学院大学総合人間科学部現代社会学科教授

東北学院大学法学部・経済学部講師

宮城大学事業構想学部講師

学会活動　総合観光学会理事，温泉学会理事，公益事業学会北海道・東北部会理事，地方自治経営学会理事，日本計画行政学会東北支部幹事

主な著書　『観光と地域開発』（共著）内外出版社　1996年

『現代政治学の構想と動態』（共著）南窓社　1979年

『政治学の構造』（共著）南窓社　1981年

『観光・ホスピタリティ辞典』（共著）白桃書房　1999年

『若者のライフスタイル』（共著）学文社　1998年

『現代地域メディア論』（共著）日本評論社　2007年

三橋　勇（みつはし　いさむ）

最終学歴　明治大学卒（1971年）・グアダラハラ大学大学院経営学研究科修了（1984年）・京都大学経済学博士（2000年）

現　　職　宮城大学事業構想学部事業計画学科・宮城大学大学院事業構想学研究科教授・石巻専修大学経営学部国際経営・観光コース特命教授（2009年）など

学会活動　日本観光学会理事兼東北支部長，温泉学会理事，日本港湾経済学会理事，他

主な著書・論文

『観光投資政策論』グアダラハラ大学出版局　1983年

『観光学辞典』（共著）同文舘　1997年

「米国人リタイヤーのメキシカンリゾート動向」メキシコ経済研究報告誌　1978年

「メキシコ国内産業保護法と外国資本による観光資源の開発」メキシコ観光審議会報　1984年

「リゾート開発とエコ観光に関わる入会権損失補償の考察」宮崎産業経済大学経済論集　1996年

「社会主義レクリエーションの市場経済への移行」京都大学経済学部博士号学位論集　2000年

「ウズベキスタン共和国の観光事業への一考察」日本観光学会誌　2004年

「貞山運河の観光事業構想」宮城大学事業構想学部紀要　2007年

青木　忠幸（あおき　ただゆき）
最終学歴　市立塩釜高等学校修了（1960 年）
現　　職　山形県天童温泉「桜桃の花　湯坊いちらく」社長室長
学会活動　日本観光学会会員，温泉学会会員，山形県詩人会員，詩誌樹氷同人
主な著書・論文
『旅館・ホテルをめぐる諸問題』（私家版）1995 年
「天童温泉の現状と課題」『温泉研究』Vol.3　2006 年
「観光は地べた・芭蕉・花袋から」日本観光学会情報誌 No.10　2007 年
「温泉考」樹氷 No.10　2006 年
事例研究論文（温泉旅館の管理運営・人材育成など）多数

長瀬　一男（ながせ　かずお）
最終学歴　早稲田大学教育学部 専攻科，国語国文学科修了（1975 年）
現　　職　天童市役所勤務，天童市民病院事務局長
天童市経済部観光物産課長（2001 年～ 2005 年）
学会活動　総合観光学会会員，日本環太平洋学会会員
主な著書・論文
『地名私考―ジャガラモガラ―龍神伝説に秘められた真実―』豊田印刷所　1979 年
『最上川との連携による温泉地の新たな観光地づくりのための基礎調査報告書』東北運輸局　2005 年
「第 3 セクター黒字経営の温泉施設―天童最上川温泉ゆぴあ」（日本温泉協会月刊誌「温泉」）日本温泉協会　2003 年
「四天王寺舞楽に秘められた謎」CAN　1980 年
「古代地名「那珂」の謎―古代物流拠点と流域論」環太平洋文化　2007 年
「山寺立石寺の創建に関わる流域試論」環太平洋文化　2004 年
「軍記物などにみる天童合戦」（『天童氏と天童古城』）（共著）天童市立旧東村山郡役所資料館　2005 年

新しい視点の観光戦略――地域総合力としての観光――

2009年2月20日　第一版第一刷発行
2010年8月10日　第一版第二刷発行

著　者　油川　洋　三橋　勇
　　　　青木忠幸　長瀬一男
発行所　株式会社　学　文　社
発行者　田中　千津子

〒153-0064　東京都目黒区下目黒3-6-1
電　話　(03) 3715-1501㈹　振替 00130-9-98842
http://www.gakubunsha.com

乱丁・落丁の場合は本社でお取替えします。
定価はカバー，売上カード，に表示してあります。
印刷／新灯印刷株式会社
〈検印省略〉

ISBN978-4-7620-1918-0